교장샘의 재미있는 꽃이야기

향기로운 행복정원

조상제 지음

교장샘의 재미있는 꽃이야기 **향기로운 행복정원**

1판 1쇄 발행 2022년 7월 31일
1판 2쇄 발행 2022년 8월 26일

지은이 ● 조상제
펴낸이 ● 송우섭
펴낸곳 ● 모데미풀

출판등록 ● 2022년 2월 8일(제2022-000021호)
주　　소 ● (우 16873) 경기도 용인시 수지구 정든로22 죽전파크빌 901-1201
대표전화 ● 070-8882-8104
전자우편 ● woosubso@naver.com
블 로 그 ● https://blog.naver.com/woosubso

ISBN 979-11-977923-1-1 03400

* 책값은 뒤표지에 있습니다.
* 잘못 만들어진 책은 구입한 곳에서 교환해 드립니다.
* 책으로 만들고 싶으신 원고가 있다면(지금 써놓은 원고가 없더라도 좋습니다), woosubso@naver.com으로 연락주세요. 당신이 상상하는 책을 만드는 계획에 모데미풀이 함께 하고 싶습니다.
* 본 저작물에는 대한인쇄문화협회에서 제공한 서체(바른바탕체)가 적용되어 있습니다. 출판문화 증진을 위한 서체 제공에 감사드립니다.

들어가는 말

　도산 선생은 주변을 정결하게 하고 아름답게 가꾸는 것은 정서나 정신의 표현이라 하였습니다. 학교를 정화하고 화단을 가꾸며 교실을 청결하게 하는 것은 교육의 기본이요 시작이며 가르치는 자가 정결한 마음으로 각성하여 교육을 잘하겠다는 다짐입니다. 정결한 환경에서 자란 아이들은 성취 수준이 높고 바른 인성을 가진 사람으로 성장합니다.

　따라서 우리 아이들이 즐겁고 행복한 가운데 바른 인성을 기르면서 공부할 수 있도록 하기 위해서는 학교를 정결하게 하고 화단을 아름답게 꾸미며 숲을 가꾸는 일이 선행되어야 합니다.

　필자는 지난 20여 년 동안 학교에서 아름다운 꽃을 가꾸면서 꽃보다 더 아름다운 아이들과 함께 해왔습니다. 가는 학교마다 정원을 만들고 교과서에 나오는 꽃과 나무를 심었습니다. 아이들은 꽃 이름도 외우고, 꽃 그림도 그리고, 꽃 사진도 찍고, 꽃 시를 지었습니다. 아이들은 꽃보다 아름답게 피어났습니다. 정원의 이름은 '행복정원'과 '미소정원'이라 불렀습니다. 이 두 정원은 아주 특별한 정원입니다. 아이들이 주인인 정원입니다. 아이들이 성원에 들어가 꽃도 관찰하고 곤충도 관찰할 수 있는 정원입니다. 정원 곳곳엔 오솔길과 벤치도 있습니다. 행복정원은 행복동 앞에 있어서, 미소정원은 미소동 앞에 있어서 붙여진 이름입니다.

　학교에서 자라는 꽃과 나무 그리고 농작물은 살아있는 학습교재입니다. 인성교재이면서 과학교재이자 인문학의 교재입니다. 아니 어쩌면 모든 교과의 교재입니다. 꽃을 보면 아이들의 마음이 고와집니다. 정원에선 벌과 나비를 만납니다. 꽃과 나비를 보고 시를 지어 봅니다. 정원은 야외 학습장입니다.

이 책은 크게 두 부분으로 나누어집니다. 하나는 꽃과 아이들이 함께 자라는 학교 이야기입니다. 또 하나는 필자가 그동안 환경단체에서 생태탐사를 하고 꽃 기행을 하면서 친숙해진 식물 이야기입니다. 꽃 이야기도 있고, 나무 이야기도 있고, 풀 이야기도 있습니다. 이러한 이야기를 울산의 지역 신문인 울산신문에서는 '태화강의 식물도감'이라는 제목으로, 울산제일일보에서는 '조상제의 자연산책'이라는 이름으로 게재해 왔습니다. 게재된 이 식물 칼럼을 그냥 버리기엔 아까워 그 원고들을 모아서 책으로 만들게 되었습니다.

이야깃거리는 대부분 울산 지역에서 나온 것입니다. 태화강 주변에 사는 식물, 태화강국가정원에 사는 식물, 태화강 백리길에 사는 식물들의 이야기가 그것입니다. 꽃 칼럼을 쓰면서 전국으로 꽃 기행을 떠나기도 했습니다. 인근의 양산, 밀양, 산청은 물론 남도와 제주도 등을 찾았습니다. 꽃 기행은 늘 아내와 함께했습니다. 꽃을 찾아 아내와 떠나는 기행은 늘 설레고 즐거움이 가득했습니다. 제주도에서 수선화, 유채, 동백을 엄동설한 1월에 볼 수 있었던 것은 큰 선물이었습니다. 그러나 코로나19로 인하여 꽃 기행을 멈춘 것이 아주 크게 아쉽습니다. 내년에는 꼭 꽃 기행을 할 수 있으면 좋겠습니다.

정원이 있는 학교 이야기와 꽃 이야기가 더 많은 학교가 아름다워지고, 더 많은 사람들이 꽃과 친해지는 데 조금이라도 도움이 되면 좋겠습니다. 생태도시 울산의 아름다운 모습이 좀 더 알려지는 데 도움이 되면 좋겠습니다.

이 책이 나오기까지 많은 도움을 주신 분이 있습니다. 원고 지도는 물론 이 책의 감수와 교정, 출판을 봐주시고 심지어 추천사까지 써 주신 꽃이야기 작가로 활동하고 있는 자연을 사랑하는 사람들의 모임, 인디카(www.indica.or.kr)의 송우섭 화우님께 진심으로 감사드립니다.

그리고 하찮은 이야기들을 늘 칭찬해 주시고 지지해 주시면서 지역신문에 실어주신 울산제일일보 김정주 실장님, 당시 울산신문 편집국장이자 지금은 울산매일 편집이사이신 김진영 이사님 정말 감사합니다. 또 한 사람 꽃 기행에 항상 동행하고 저를 지지해 준 아내에게 감사드립니다.

2022년 여름 조상제

추 천 사

꽃이야기 소재를 찾아 고민하고 있던 나른한 오후, 스마트폰이 울립니다. 조상제 교장 선생님의 이름이 스마트폰 화면에 뜹니다. 저는 아직 한 번도 선생님을 직접 뵌 적이 없습니다만 전화번호가 저장된 것은 오래전에 인연이 있어서입니다.

꽃을 소재로 쓴 이야기를 찾아서 인터넷 서핑을 하던 중 <조상제의 자연산책>이라는 울산의 한 지역신문의 칼럼을 만났습니다. 칼럼 내용에 의문이 있어서 메일을 보내고 내용을 여쭤보려 전화통화를 했습니다. 아마도 그때 전화번호를 담았던 것 같습니다. 혹시나 칼럼 글을 모아 책으로 내게 된다면 내용을 봐 드리겠다고 먼 미래의 약속을 하게 되었습니다. 그것을 잊지 않으셨나 봅니다.

전화를 주시고 그동안 쓰신 자연산책이라는 제목에 어울리는 책 1권 분량의 여러 이야기를 보내주셨습니다. 글을 하나씩 읽으면서 꽃과 어린이를 사랑하시는 선생님의 면모를 다시금 알 수 있었습니다. 그리고 미처 몰랐던 여러 식물에 관한 새로운 정보들도 배울 수 있었습니다. 한 마디로 숨 쉴 틈 없이 내리읽을 수밖에 없었습니다. 식물학을 전공하지 않으시고, 따로 아주 깊게 공부하신 것도 아니어서 글 속에 남아 있는 몇 가지 오류와 내용을 살펴봐 드렸습니다. 너무 행복한 작업이었습니다.

일본제국주의에 나라를 빼앗긴 20세기 초 식물학을 공부하였거나 공부할 수 있었던 조선인은 드물었습니다. 그러니 일찍 서양문화를 받아들여 이미 세계적 수준의 학문을 쌓은 나카이 다케노신과 같은 일본인 식물학자들이 조선식물에 대한 연구를 독점할 수밖에 없었습니다. 조선총독부는 식민 정책에 도움이 된다며 그들을 적극적으로 도와주었습니다. 그들은 수많은 우리 식물에 학명을 붙였습니다. 배움에 목마른 조선인들은 겨우 그들 밑에서 채집을 도우며, 대부분이 일본인들이고 극히 적은 숫자의 한국인들이 같이 참여하는 조선박물학회 같은 학회 등에 가입하여 식물학을 배웠습니다.

주목할 것은 그때 식물학을 공부한 사람들의 주축이 바로 '학교 선생님'이라는 사실입니다. 당시는 식물학이 완전 분리되지 않고, '박물학'이라는 동물, 식물, 광물 등을 총괄적으로 연구하는 분야였습니다. 선생님들은 '박물 교원(지금의 '교사')'이었습니다. 조선총독부의 식민지 교육 정책 아래에서도, 조선의 아이들을 가르치며 조선인으로서의 민족적 자긍심과 과학을 통한 조선의 부강이라는 내밀한 목표를 가지고 있었습니다.

그들이 관심을 가진 것은 '우리말 식물명'을 찾아 정리하는 작업이었습니다. 그들이 주축이 되어 1933년에 조선인들만의 단체가 만들어졌습니다. '조선박물연구회'라는 단체입니다. 회원들이 3여 년 100회가 넘는 회합을 한 결과 드디어 우리말 식물명 모음집인 『조선식물향명집』이라는 작은 책자가 만들어졌습니다. 이것이 조선박물연구회가 선택한 첫 번째 사업이었습니다. 1937년에 일어난 사건입니다. 학교에서조차 한글을 통제받던 그 시기에 기적적으로 우리말 식물명집을 발간한 것입니다. 1,944종에 이르는 식물의 우리말(한글) 식물명이 사정(査定)되었습니다. 지금 우리가 쓰는 식물명의 많은 부분이 이때 정해졌습니다. 조선박물연구회 회원들은 채집 활동 중 식물 뿐 아니라 따로 조상대대로 전해 오고 불리어지는 우리말 식물명을 수집했고, 그 이름은 그대로 책에 담겼습니다. 일제강점기라 국명(國名)이라 쓰지 못하고 향명(鄕名)이라는 용어를 사용했습니다. 그때 국명(國名)이라 하면, 화명(和名)으로 불리는 일본명(日本名)이었습니다. 향명이 없는 식물은 그 생태, 학명 등을 고려하여 새로이 이름을 부여(신칭 新稱, 새롭게 정함)했습니다. 저는 이 모든 것이 조국 조선과 아이들을 사랑했던 선생님들의 힘이라고 생각합니다.

조상제 선생님의 글을 읽으면서 느낀 점을 정리하며, 여러분들에게 선생님의 글을 한번 읽어보시라 추천해 봅니다.

첫째, 꽃과 어린이를 사랑하시는 선생님의 면모를 느낄 수 있어서 좋았습니다. 선생님의 글 중에 이 책의 제목이기도 한 〈향기로운 행복정원〉이라는 1년 내내 학교에서 꽃을 정성으로 키우시는 이야기가 있습니다. 엄청나게 많은 꽃들이 선생님의 손에 거쳐 키워지고, 아이들의 정서 교육에 활용되고 있습니다. 하나하나의 꽃의 특성을 공부하시고 오랫동안 키워 오셔서 꽃의 생태와 성질을 너무나 잘 알고 계셨습니다. 실패의 경험도 그 속에 들어가 있습니다. 다음 해를 위해 손수 씨앗을 채취하고, 없는 꽃나무는 수소문하여 데려왔습니다. 선생님에게 학교라는 공간은 그야말로 아이들과 함께 하는 '행복정원'이었습니다. 그 꽃향기 속에서 사는 아이들은 어떨까 생각만 해도 저는 행복감을 느꼈습니다.

둘째, 꽃을 찾아 살고 계시는 울산 지역을 중심으로 다니시는 이야기가 많았습니다. 지역에서 만날 수 있는 여러 야생화와 생태계를 해치는 식물들을 찾아 다루어 주셨습니다. 지역 생태계의 여러 문제점들도 많이 발굴해 주셨습니다. 저는 그것이 아주 중요하다고 생각합니다. 단순히 식물뿐만 아니라 지역 사회가 가지고 있는 자연 전체를 바라보셨습니다. 선생님의 글에는 지역 사랑이 진하게 들어 있습니다. '물고기'도 오랫동안 연구해 오셨다니, 물고기 이야기도 정리될 날을 기대해 봅니다.

　마지막으로 선생님과 선생님의 가족 같은 아이들의 건강을 위하여 기도합니다.

　선생님이 보내주신 격려 문자 메시지로 추천사를 답습니다. 인연이 더 깊어지면 언젠가 직접 얼굴을 뵐 날이 있겠지요. 그때를 기다립니다.

　"파이팅! 입니다"

꽃이야기 작가 송우섭(화우)

목 차

들어가는 말

추천사

1. 물마농꽃과 금잔옥대 • 15
2. 봄바람을 부르는 변산바람꽃 • 24
3. 개불알꽃과 개불알풀 • 29
4. 빙옥처사(氷玉處士)를 찾아서 • 34
5. 난초(蘭草)와 혜초(蕙草) • 39
6. 향기로운 행복정원 • 44
7. 동서양의 혼혈아 유채 • 51
8. 도원(桃源)과 인면도화(人面桃花) • 56
9. 철쭉제 안 가시나요? • 61
10. 화중왕(花中王) • 67
11. 농사를 점치는 나무 • 71
12. 초롱을 닮은 꽃 • 75
13. 변신의 여왕 수국 • 83
14. 참선하는 화중지우(花中之友) • 88
15. 큰금계국 생태교란 식물인가 • 93

16. 소리쟁이의 반란 • 97

17. 차군(此君)과 연화(蓮花)는 어울릴까요? • 101

18. 나무에 피는 연꽃과 난초 • 105

19. 밤마다 사랑을 나누는 나무 • 110

20. 조세핀이 사랑한 꽃 • 114

21. '나으리'의 꽃 나리 • 119

22. 부처님께 바친 꽃 • 124

23. 8월에 무궁화놀이를 기다리며 • 129

24. 수부용과 목부용 • 135

25. 남도 배롱나무 기행 • 141

26. 사무치도록 그리워하는 꽃 • 146

27. 어둠을 밝히는 나무 • 151

28. 잡신을 쫓아내는 학자수 • 155

29. 하늘을 업신여기는 꽃 • 160

30. 쑥부쟁이의 전설 • 164

31. 가을의 길목에서 • 169

32. 결초보은의 전설을 간직한 풀 • 179

33. 태화강가 생태교란식물의 이해 • 183

34. 월계화를 아시나요? • 187

35. 꽃씨 봉투 • 192

36. 달나라에 사는 나무 • 199

37. 춘추벚나무를 아세요 • 204

38. 겨울에 피는 꽃 • 209

39. 정원 식구들의 겨울나기 • 214

40. '으악새' 우는 가을 • 219

41. 순우리말로 된 식물 이름 • 224

42. 태화강가에 자리 잡은 귀화식물 • 228

43. 꽃에 미친 선비 • 232

44. 비초비목(非草非木) 차군(此君) • 237

45. 외래종 꽃 이름의 이해 • 241

46. 한국특산 식물과 나고야의정서 • 246

47. 토종 허브식물 • 251

[참고문헌]

몰마농꽃과 금잔옥대

향(香)으로 줄기를 만들고

금과 옥으로 꽃을 만들었습니다.

제주에선 12월부터 꽃을 피우기 시작합니다.

하늘에 있는 신선을 천선(天仙)

땅에 있는 신선을 지선(地仙)

물에 있는 신선을 수선(水仙)이라 합니다.

이 꽃을 물에 있는 신선에 비유했습니다.

실제로 이 꽃은 물을 좋아합니다. 무슨 꽃일까요?

추사(秋史) 김정희가 24살의 나이에 아버지(김노경)를 따라 연경(지금의 베이징)에 가서 처음 이 청순한 꽃을 보고 신선한 충격을 받고 평생 이 꽃을 사랑했다고 합니다. 추사가 43살 때 평안감사로 있는 자신의 아비를 뵈러 평양에 갔다 마침 연경에 사신으로 다녀온 분이 이 꽃을 자신의 아비에게 선물하는 것을 보고 달라고 하여 남양주 여유당에 있는 다산 정약용에게 보냈다고 합니다.

그래도 생각이 안 나시나요?

바로 수선화입니다.

추사가 평생 수선화를 사랑한 만큼 추사는 수선화에 대한 여러 편의 시와 글을 남겼습니다. 추사가 세도가(勢道家) 안동 김씨 세력을 비판하다 1840년 55세의 나이에 제주도 대정리로 유배를 가게 됩니다. 그런데 제주도에 오니 조선의 선비들이 그렇게 애지중지하면서 귀하게 여겼던 수선화가 지천으로 널려 있는 것입니다.

오오 이게 뭐야? 추사는 흥분을 감추지 못하고 그의 벗 권돈인(權敦仁)에게 편지를 보냅니다.

"마을마다 수선화가 없는 곳이 없습니다. 이 고장 사람들은 이것이 귀한 것인 줄도 모르고 소와 말에게 먹이고, 발로 밟아 버리기도 합니다. 또 보리밭에 많이 나서 사람들이 호미로 캐어 버리는데 캐내도 캐내도 다시 나서 마치 원수 보듯 합니다."

그러면 추사가 제주에서 본 그 흔한 수선화는 과연 어떤 수선화였을까요? 수선화는 대략 40여 종이 있다고 합니다. 그러나 제주에 자생하는 수선화는 외형으로 구분하면 2종류입니다. 몰마농꽃과 금잔옥대입니다.

몰마농꽃, 제주도 방언으로 꽃이 크고(몰), 속 꽃잎이 마치 마늘뿌리(마농)처럼 생겼다고 붙여진 이름입니다. 방울수선화, 보푸라기수선화라고도 합니다.

다시 추사가 권돈인에게 보낸 편지로 돌아갑니다. "화품(花品) 즉 꽃이 크고, 한 가지에 10여 송이, 화피 갈래 조각이 8~9개에 이른다"고 한 것으로 보아 여기에 언급하는 꽃은 분명 몰마농꽃으로 보입니다. 몰마농꽃을 제주 사람들은 제주 토종 수선화라 부릅니다.

몰마농꽃

그럼 금잔옥대(金盞玉臺)는 뭔가요?

청나라 문인 호경(胡敬)이 짓고 추사가 추사체로 쓴 수선화부(水仙花賦)의 일부를 볼까요. 여기서 부(賦)란 감상을 느낌 그대로 적은 글을 말합니다.

수선화 너만 향기를 토해내는구나.　　　　仙花吐馨(선화토향)
정결하고 빛나는 옥쟁반에　　　　籍玉盤之瑩潔(적옥반지영결)
어여쁘고 아름다운 금잔을 올려놓았구나.
　　　　　　　　　　　　　　貯金屋之娉婷(저금옥지병정)

이 시에서 수선화는 바로 금잔옥대입니다. 말 그대로 옥 받침에 금으로 만든 잔을 올려놓은 꽃입니다.

ⓒ 김희조　　　　금잔옥대

　제주도에는 몰마농꽃과 금잔옥대의 자생지가 있습니다. 언제 어떤 경로를 통해 이 두 수선화가 제주에 들어와 살기 시작했는지는 몰라도 분명한 것은 추사가 살아생전 이 두 수선화를 알고 있었다는 것입니다.

　금잔옥대와 몰마농꽃. 특히 몰마농꽃은 향이 대단해 영국의 엘리자베스 여왕이 반한 꽃입니다. 그 향기를 찾아 제주로 갑니다.

　2019년 제주로 봄꽃 기행을 떠났습니다. 1월에 무슨 꽃 기행이냐구요? 장소는 제주 서귀포입니다. 그리고 목표는 수선화와 동백입니다.

　1월 22일 먼저 찾아간 곳은 대정리에 있는 '추사 김정희 기념관' 입니다. 산방산이 바라보는 기념관 주차장에 내렸습니다. 사랑의 붉은 먼나무 열매가 기념관을 밝히고, 돌담 아래 몰마농꽃은 진한 향기로 우리를 맞이합니다. 제주 토종 수선화 몰마농꽃으로 향수를 만들어 세계인들을 서귀포로 불러 모으고 싶습니다.

기념관의 유물을 둘러보고 추사적거지(秋史謫居址 추사가 유배 생활 하던 곳) 초가로 향합니다. 아내가 한마디 합니다. 추사의 글씨가 마치 나비가 춤을 추는 듯하며, 참으로 아름답다고 합니다. 길목 여기저기에 금잔옥대가 활짝 피었습니다.

적거지 초가는 탱자나무로 둘러싸여 추사가 위리안치(圍籬安置 유배된 죄인이 거처하는 집 둘레에 가시로 울타리를 치고 그 안에 가두어 두던 일)되었다는 것을 보여 주고 있습니다. 이 쓰러져 가는 초가에서 지역의 청년들에게 서예를 가르치고, 세한도를 그리고, 추사체를 완성했다니, 가히 추사의 정신은 위대합니다.

추사 김정희 기념관 금잔옥대 모형

수선화의 향기를 갖고 카멜리아 언덕으로 달립니다. 불경기로 많은 사람들이 아우성이지만 이곳은 겨울꽃 동백을 찾아온 관광객으로 문전성시를 이루고 있습니다. 주차장이 부족해 임시 주차장을 늘려가고 있습니다. 이곳은 6만평 규모에 80여 개국의 동백나무 6,000여 그루가 자라는 카멜리아힐. 들어가는 길에 울산 강북청 소속 교감선생님들도 만납니다. 동계연수 코스에 이곳을 넣은 것은 참으로 잘한 일입니다.

카멜리아힐의 동백

　　동백 숲 구석구석에서 연인들은 꽃과 함께 사진을 찍느라 여념이 없습니다. 커다란 유리온실에 들어서니 갖가지 꽃들이 마치 봄처럼 피어 있고 중간중간에는 여러 종류의 동백나무들이 그 자태를 서로 뽐내고 있습니다. 꽃색도, 꽃 무늬도, 꽃 모양도 가지각색입니다. 정원 안에는 연못도, 카페도 있습니다. 카페 안에도 동백이 가득합니다. 매실나무, 복사나무 등 동백나무 이외에도 꽃이 예쁜 유실수들이 많아 3~4월에 와도 좋을 듯합니다.

이튿날은 유채꽃을 찾아 성산일출봉으로 떠납니다. 길가에는 봄꽃이 한창입니다. 서귀포는 1월이지만 봄입니다. 길가엔 팬지, 금잔화가 4월의 꽃처럼 활짝 피어 있습니다.

일출봉 초입 길가엔 차들이 쭉 늘어서 있습니다. 사람들은 차를 세우고 유채꽃밭에서 사진을 찍느라 야단입니다. 1월인데 어찌 이리 유채가 다 피었을까요. 신기할 따름입니다.

1월의 제주 유채꽃

유채꽃밭은 한 곳이 아닙니다. 이곳저곳에 지역 주민들이 유채를 심어 관광객들에게 약간의 돈을 받고 꽃밭을 내어주고 있습니다.

오는 길에 '이중섭 미술관'을 들립니다. 미술관은 3층의 갤러리, 초옥과 텃밭 정원으로 이루어져 있습니다. 서귀포 앞바다가 훤히 내려다보이는 곳에 자리하고 있습니다. 당연히 나의 관심사는 텃밭 정원입니다.

양지바른 곳이라 이곳저곳에 수선화, 홍매화, 애기동백, 유채, 영춘화가 꽃망울을 터뜨리고 있습니다. 아내에게 금잔옥대를 곧추세우게 하고 사진을 찍습니다. 돌담 너머 초옥에서 이중섭 선생의 기침 소리가 들리는 듯합니다.

제주 꽃 기행 마지막 날. 아침부터 '여미지식물원'으로 달려갑니다. 여미지는 1989년 개원한 식물원으로 온실식물원과 옥외식물원이 있습니다. 온실식물원은 다시 꽃의 정원, 물의 정원 등 7개 정원으로 나누어지고 옥외식물원은 한국정원, 일본정원 등 14개 정원으로 나누어집니다.

먼저 온실식물원에 들어섭니다. 물의 정원에선 수련들이 기온이 낮아서인지 비실대고 있었지만, 꽃의 정원에선 베고니아, 제라늄 등이 한창 꽃을 피우고 있습니다. 온실 천장의 서까래를 타고 축 늘어져 피어 있는 능소화과의 상록식물 포장화(炮仗花, 피로스테기아 베누스타 *Pyrostegia venusta*)는 정말 일품입니다.

여미지 식물원의 포장화(炮仗花)

온실을 둘러보고 옥외식물원으로 나옵니다. 먼저 눈에 띄는 것이 금잔옥대입니다. 금잔옥대가 여기저기 활짝 피어 웃고 있습니다. 일본정원에는 홍매, 호주매, 용매 등의 희귀 매화들이 꽃망울을 터뜨립니다.

한국정원 앞으로 갑니다. 납매가 꽃을 활짝 피웠습니다. 바로 그곳에 나무에서 꽃이 피는 부용이 있습니다. 우리나라에선 제주도에 가서야 만날 수 있는 자태가 매우 고운 자생식물 부용입니다. 올여름 활짝 핀 부용아씨를 만나러 다시 와야겠습니다.

봄바람을 부르는 변산바람꽃

  2월이 채 가기도 전 옷깃을 세워야 할 때입니다. 언뜻 봄바람이 살포시 다가와 살갗을 스치고 갑니다. 봄바람은 어디서 오는 걸까요? 산에서 오는지? 바다에서 오는지? 봄바람을 맞고 차가운 대지를 비집고 눈 속에서 가녀린 꽃을 피우는 설중화(雪中花)가 있습니다.

  이곳에 가면 바람꽃이 만날 수 있습니다. 바람꽃의 이름은 변산바람꽃입니다. 바닷가 산마루에서 바닷바람을 맞고, 곱고 우아하게 꽃을 피웁니다. 10여 년 전 어느 지인을 따라 이곳을 방문했습니다. 아직도 골짜기에는 잔설이 남아 있고 골바람은 차가웠습니다. 산자락을 오르니 돌너덜 사이사이 여기저기에 바람꽃은 군락을 이루고 환하게 웃고 있었습니다.

변산바람꽃

이곳은 울산에 있는 변산바람꽃의 집단 자생지입니다. 전국적으로 야생화 마니아들에겐 꽤 유명한 곳입니다. 그때가 되면 오르는 길목은 찾는 이의 발자국으로 반질반질해집니다. 서식지 훼손을 우려해 이곳을 알리는 것은 금기사항입니다.

변산바람꽃(에란티스 변산엔시스 *Eranthis byunsanensis*)은 1993년 전북대 선병윤 교수가 변산반도에서 처음 발견해 한국특산종으로 발표하면서 얻은 이름입니다. 그러나 변산바람꽃은 한라산에도 피고, 설악산에도 피고, 거제도에도 피고, 토함산에도 핍니다. 그리고 그 옛날에도 피었습니다. 일본에도 일본특산종으로 절분초(節分草, セツブンソウ) 에란티스 피나티피다 *Eranthis pinnatifida*)라는 변산바람꽃과 유사한 종이 있습니다. 같은 종인지 다른 종인지 논쟁이 벌어지고 있습니다만 국립수목원이 제공하는 국가생물종지식정보시스템은 같은 종이라 말하고 있습니다. 문외한이지만 아무래도 같은 종의 변종이 아닐까 생각합니다.

이곳에 가면 초입에 금빛 찬란한 복수초(福壽草)도 있습니다. 복수(復讐)와는 무관합니다. 근데 왜 복수하면 이 복수(復讐)가 머리에 떠오를까요? 집안 가득 황금이 넘치고 장수를 가져다주는 꽃이라고 일본인들은 복수초를 무척 좋아한다고 합니다. 복수초의 우리말 이름은 얼음 사이를 뚫고 꽃이 핀다고 하여 "얼음새꽃"입니다. 일본명을 차용하여 우리 식물명으로 가져오다 보니 복수초가 된 것입니다. 최근에는 어감이 좋지 않다고 수복초로 하자고 하는 사람도 있습니다만, 현재 한중일 동아시아 3국이 모두 복수초를 식물명으로 채택하여 쓰고 있습니다. 우리나라에는 복수초와 가지가 갈라지는 가지복수초, 제주도에 자라는 세복수초가 있습니다.

이곳에는 또 노루귀도 있습니다. 아주 귀엽고 단아하게 피는 꽃입니다. 분홍색 노루귀도 있고, 흰색 노루귀도 있습니다. 이 노루귀는 어릴 때 돋는 잎의 모양이 노루의 귀처럼 동그랗게 말리고 뒷면에 털이 보송보송하게 나 그 모습이 노루의 귀를 꼭 닮아 노루귀라는 이름을 얻었습니다.

전 세계적으로 7종이 있는데 우리나라에 3종이 삽니다. 우리나라에선 흔하지만, 세계적으론 아주 귀하신 몸입니다. 이곳엔 변산바람꽃, 복수초, 노루귀가 한 지붕 세 가족으로 약간의 시차를 두고 오순도순 살아가고 있습니다.

복수초 (얼음새꽃)　　　　　노루귀 (분홍색)

태화강의 발원지가 있는 백운산으로 가 보겠습니다. 백운산 자락에서는 4월이 오면 천상의 화원이 문을 엽니다. 꿩의바람꽃, 너도바람꽃, 애기송이풀, 족도리꽃, 연복초, 제비꿀, 덩굴꽃마리 등 수많은 야생화가 앞다투어 꽃을 피우고 뽐냅니다.

그중에 꿩의바람꽃은 화품(花品)이 맑고 고상하여 마치 장끼의 화려함을 닮은 듯합니다. 골짜기를 오르면 굴참나무 낙엽이 모여 있는 돌 틈 사이 연분홍빛 입술을 바른 꿩이 여기저기에서 깃을 세우고 고개를 내밉니다. 활짝 피면 순백으로 바뀝니다. 한동안 그 아름다움의 극치에 환희가 몰려옵니다. 좀 더 오르면 너도바람꽃이 벌써 꽃을 피우고 씨방을 만들고 있습니다.

한반도에는 꽃의 모양에 따라 홀아비바람꽃, 쌍동바람꽃, 사는 곳에 따라 들바람꽃, 숲바람꽃, 변산바람꽃 등 20여 종의 바람꽃이 전국의 산야에서 봄바람을 맞으며 꽃을 피워댑니다. 그러나 정작 기본종인 그냥 바람꽃은 8월이 되어서야 느긋하게 설악산 이북의 고산지대에서 무리지어 꽃을 피웁니다.

꿩의바람꽃 　　　　　　　　바람꽃

바람꽃 종류의 대표적인 속명이 아네모네(*Anemone*)입니다. 속명과 관련된 전설이 있습니다. 옛날 꽃과 풍요의 여신 플로라(Flora)에게는 미모가 아름다운 아네모네(Anemone)라는 시녀가 있었습니다. 그런데 플로라의 남편이자 바람의 신인 제피로스

(Zephyros)가 그만 아네모네를 사랑하게 되었습니다.

 이 사실을 안 플로라는 아네모네를 멀리 내쫓아버렸으나 제피로스는 바람을 타고 그녀를 뒤쫓아 가서 깊은 사랑에 빠지게 되었습니다. 두 사람의 사랑을 지켜본 플로라는 아네모네를 꽃으로 만들어 버렸고, 슬픔에 젖은 제피로스는 언제까지나 아네모네를 잊지 못하여 매년 봄이 오면 따뜻한 봄바람을 보내어 아네모네를 아름답게 꽃피운다고 합니다.

 아네모네는 그리스어로 '바람꽃(windflower)'이라는 뜻이지만 문학적으로 '바람의 딸(daughter of the wind)'이라는 의미로 쓰였다고 합니다.

개불알꽃과 개불알풀

개불알이라. 꽃 이름에 웬 개불알?

그럼 개불알꽃과 개불알풀은 같은 종일까요? 다른 종일까요? 이름은 비슷하지만 다른 종입니다. 여기서 꽃이 개불알을 닮은 것은 개불알꽃이고, 열매가 개불알을 닮은 것은 개불알풀입니다.

개불알꽃은 난초과(蘭草科)에 속하는 식물이고, 개불알풀은 현삼과(玄蔘科)에 속하는 식물입니다. 꽃의 크기나 모양새도 완전히 다릅니다. 개불알꽃은 1922년 일본인 식물학자 모리 타메조(森爲三)가 정리한 『조선식물명휘(朝鮮植物名彙)』라는 책에 '개불알달'이라는 이름으로 등장합니다. 물론 꽃의 모양이 개의 불알을 닮아 보여서 그렇게 이름을 붙인 거겠지요. 이 개불알달은 1937년에 발간된 『조선식물향명집(朝鮮植物鄕名集)』에서는 개불알꽃이라는 식물명으로 등장하고 큰개불알꽃도 함께 등장합니다.

복주머니란 (개불알꽃)

이 책에 등장한 개불알꽃은 2007년 국가표준식물목록위원회에서 '복주머니란'으로 부르는 것이 좋겠다고 추천함에 따라 이후 복주머니란으로 더 많이 불리게 됩니다. 그럼 개불알풀과 큰개불알풀은 같은 종일까요? 다른 종일까요?

개불알풀속(*Veronica* 베로니카)이라는 점은 같으나 좀 다릅니다. 먼저 꽃의 크기와 원산지가 다릅니다. 개불알풀 꽃의 지름은 5mm 내외로 꽃에 연한 자주색 줄이 들어 있습니다. 반면에 큰개불알풀은 꽃의 지름이 10mm 내외이고 꽃은 푸른색을 띠고 있습니다.

개불알풀 꽃　　　　　　　큰개불알풀 꽃

개불알풀의 원산지는 동아시아로 토종이며 큰개불알풀은 유라시아(Eurasia)가 원산지로 귀화식물입니다. 큰개불알풀은 1876년 개항 이후 귀화한 식물로 알려져 있습니다. 개불알풀과 큰개불알풀의 일본명은 씨방의 모양이 개(犬)의 불알(陰囊)을 닮아서 일본인 식물학자 마키노 도미타로(牧野富太郎)가 붙인 이름인데

이 두 식물의 씨방 모양이 약간 다릅니다. 개불알풀의 씨방은 비교적 볼록하고, 큰개불알풀의 씨방은 좀 납작합니다.

개불알풀 열매　　　　　　　큰개불알풀 열매

'개불알풀'이란 이름이 어감이 좋지 않고 민망스럽다고 하여 봄까치꽃으로 부르자고 하는 사람도 있습니다. 그러나 정작 봄까치꽃은 없고, 1949년에 발간된 박만규 선생의 『우리 나라 식물명감』에는 개불알풀이 '봄까지꽃'으로 나옵니다. '봄까지꽃'이란 봄까지 피는 꽃이란 뜻을 담고 있습니다. 이 봄까지꽃이 누군가에 의한 오류인지 의도적인지는 알 수 없지만 언제부터인가 '봄까치꽃'으로 그럴듯한 이유를 달고 SNS상에서 불리게 됩니다.

나아가 90년대 후반 이해인 수녀님의 "봄까치꽃"이란 시가 나오면서 개불알풀은 봄까치꽃으로 널리 알려지게 됩니다. 그러나 시 제목은 '큰봄까치꽃'으로 해야 맞습니다. 이해인 수녀님이 시를 쓸 때 본 꽃은 분명 큰개불알풀입니다. "부끄러워 하늘색 얼굴이 더 얇아지는 꽃"이란 시구가 나옵니다. 하늘색 꽃이라면 당연히 큰개불알풀이지요. 개불알풀을 봄까치꽃으로 불렀다면 큰개불알풀은 큰봄까치꽃으로 불러야 하지 않을까요?

아하 이것도 헷갈리는데요. 큰개불알풀과 큰개불알꽃은 뭐가 다른가요? 같은 종입니까? 다른 종입니까? 이것은 같은 종을 사람들이 혼용해서 쓰고 있습니다. 국가기관에서 쓰는 식물명인 국명과 일반인들이 부르는 식물명이 혼용으로 쓰여 헷갈릴 때가 많습니다.

3월입니다. 아침저녁 쌀쌀한 날씨인데도 우리 행복정원에는 큰개불알풀이 오후의 따스한 햇살을 받으며 그 예쁘고 귀여운 파란 꽃을 연신 피워내고 있습니다. 아마 1월부터 양지바른 화단에서 큰개불알풀 꽃을 본 것 같습니다.

우리나라에서 '개불알풀'은 1956년 정태현 선생이 쓴 『한국식물도감(하권 초본부)』에 처음 식물명으로 올려졌고, '큰개불알풀'은 1980년 이창복 선생이 쓴 『대한식물도감』에 처음 식물명으로 올려졌습니다. 즉, 두 종 모두 일제강점기가 아닌 해방 후에 우리말 식물명으로 명명되었다는 것을 알 수 있습니다. 그럼 어떻게 하면 좋을까요? 식물 이름을 일본명에서 가져왔고 듣기도 민망스러우니 고쳐야 할까요? 아니면 느릅나무나 철쭉처럼 우리말이 일본의 나무 이름에 영향을 미친 것도 있으니 문화적 측면에서 상호성을 감안할 수 있고, 열매 모습을 비유한 재미도 있으니 그냥 두는 것이 좋을까요?

고친다면 개불알꽃은 국가표준식물목록위원회의 추천에 따라 대부분의 사람들이 복주머니란으로 부르고 있으니 큰 문제가 없는 것 같습니다.

개불알풀과 큰개불알풀이 문제인데, 우리말 식물명 명명의 역사에 불구하고 개불알풀은 봄까치꽃으로, 큰개불알풀과 큰개불알꽃으로 혼용해서 부르는 큰개불알풀은 큰봄까치꽃으로 부르자는 의견이 많아졌습니다. 국명은 학명처럼 선취권(先取權)이 있는 것이 아니라서 사회적 합의가 필요하겠지요. 그렇게 부르자는 주장에 동의하는 식물학자들도 있습니다.

듣기에 민망스런 이름과 식민지 역사의 부담을 가지고 있는 일본명의 잔재가 남아 있는 이름은 우리의 정서에 맞는 귀엽고 예쁜 이름으로 바뀌었으면 합니다.

빙옥처사(氷玉處士)를 찾아서

꽃 기행을 떠났습니다. 2월이 제주 수선화라면, 3월은 빙옥처사 매화입니다. 꽃길 따라 물길 따라 열리는 광양매화축제, 철길 따라 펼쳐지는 원동매화축제 등 벌써 언론에선 떠들썩합니다.

3월 1일, 아내와 함께 통도사로 향했습니다. 통도사 입구는 맑은 벗 청우(淸友)를 만나려는 화우(花友)들을 태운 차량으로 북새통입니다. 한 시간 남짓 기다림 끝에 주차장에 차를 세우고 구름다리를 건너니 능수매화가 진한 향기로 우리를 반깁니다. 가까이에서 꽃을 보고 향기를 맡을 수 있어서 너무 좋습니다.

능수매를 뒤로 하고 일주문을 들어서니 오른쪽 한편에 홍매, 백매가 형제처럼 나란히 서서 꽃을 활짝 피웠습니다. 파란 하늘을 등지고 서 있는 화사한 꽃을 바라보는 것만으로 행복합니다. 사람들은 연신 카메라 샷을 누르고 벌들은 더 깊숙이 꽃 속의 꿀을 찾아 숨어듭니다. 사진을 찍느라 홍매, 백매를 오고 가니 서로 다른 향기가 교차합니다.

경내를 한 발짝 더 들어서니 그 이름도 유명한 사랑과 자비를 간직한 자장매(慈藏梅)가 연분홍 꽃단장을 하고 그 모습을 드러냅니다. 자장매는 370여 년 된 노거수(老巨樹)로 영축산에 가장 먼저 봄소식을 알리는 전령사(傳令使)입니다.

임진왜란 후 통도사 중창을 발원한 구름의 벗 우운대사(友雲大師)는 먼저 대웅전과 금강계단을 축조하시고(1643년), 이후

참회하는 마음으로 역대 고승의 초상을 모시는 영각(影閣)을 건립하였습니다. 영각 상량보를 올리고 낙성을 마치니 홀연히 영각 앞에 매화 싹이 자라나 해마다 섣달에 연분홍 꽃을 피우니 사람들은 이를 통도사를 세운 자장의 이심전심이라 믿어 그 매화를 자장매라 하였습니다.

정초에 자장매 아래에서 소원을 빌면 한 해 동안 좋은 일이 꽃길처럼 열리고, 선남선녀가 사랑을 약속하면 백년해로(百年偕老) 한다는 말이 전합니다. 그래서인지 영각 앞에는 한 해 소원을 비는 화우(花友)와 선남선녀로 발 디딜 틈이 없습니다.

통도사 자장매

통도사 매화 기행을 가서 오향매를 이야기하지 않을 수 없습니다. 오향매는 자장매 코앞에 홍도화와 나란히 있습니다. 자장매는 한창이지만 오향매는 아직 이릅니다. 3월 중순에 또다시 발걸음을 해야겠습니다.

이 오향매는 추운 겨울을 이겨낸 그윽한 매화향이 성불을 향한 수행자의 향기 즉 ① 수행자가 계율(戒律)을 잘 지키는 향기(戒香:계향), ② 수행자가 마음을 쉬게 하는 향기(定香:정향) ③ 수행자의 마음에 걸림이 없는 향기(蕙香:혜향) ④ 마음을 뛰어 넘는 향기(解脫香:해탈향) ⑤ 수행자의 마음에 나와 남의 구별이 없는 향기(解脫知見:해탈지견) 등 다섯 향기를 닮았다하여 오향매라 부릅니다. 지리산 남녘 깊은 골짜기에서 자생한 이 나무는 수령이 300여 년 된 것으로 주지스님으로부터 그 이름을 얻었습니다.

이렇듯 매화는 나이를 먹고 명성을 얻으면 그 고유 이름도 함께 얻습니다. 우리나라에서 나이 좀 드시고 명성이 높은 매화에는 어떤 것이 있을까요?

먼저 산청삼매(山淸三梅)가 있습니다.

산청삼매의 맏형뻘인 남사마을의 원정매(元正梅)입니다. 원정매는 수령이 650여 년으로 고려말의 문신 원정공(元正公) 하집(河楫 1303~1380) 선생이 심어 원정매라 부릅니다. 미술사학자인 김용준(1904~1967)이 그의 수필에 쓴 "매화는 늙어야 합니다. 그 늙은 줄기가 용의 몸뚱어리처럼 뒤틀려 올라간 곳에 성긴 가지가 군데군데 뻗고 그 가지에 띄엄띄엄 몇 개씩 꽃이 피는데 품위가 있다고 합니다."라는 표현에 딱 맞는 매화입니다.

다음은 단속사지의 정당매(政堂梅)입니다. 정당매는 수령이 640여 년으로 『양화소록』을 쓴 강희안의 선조인 강회백(姜淮伯 1357~1402)이 어린 시절 단속사에서 공부할 때 심은 것으로 뒤에 강회백이 급제하여 벼슬이 정당문학(政堂文學, 고려시대 종2품 문관)에 이르자 그 매화를 정당매라 불렀습니다. 지금은 둥지가 썩고 밑동에서 새로운 가지가 나와 간신히 생명을 유지하고 있습니다.

산청삼매 중 막내는 남명매(南冥梅)입니다. 남명매는 남명(南冥) 조식(曺植 1501~1572) 선생이 산청군 시천면에 그의 나이 61세인 1561년 산천재를 짓고 후학들을 양성하면서 심은 매화로 수령은 450여 년입니다. 남명매는 백겹매로 꽃이 마치 남명 조식 선생의 기품을 간직하고 있으며 그의 삶처럼 향기도 진합니다.

이 밖에도 선암사의 선암매, 화엄사 흑매 등 전국적으로 명성이 자자한 매화는 많습니다.

화엄사 흑매

북송(北宋)의 시인 임포(林逋 967~1028)는 평생 벼슬과 결혼을 하지 않고 매화를 아내로 삼고, 학을 자식으로 삼아(梅妻鶴子 매처학자) 매화를 가꾸고 학을 기르면서 산수를 노래하며 살았습니다. 이제라도 텃밭에 매화나무를 심어야겠습니다.

난초(蘭草)와 혜초(蕙草)

승진과 영전.

공무원이든 회사원이든 직장인이라면 참 설레는 말입니다. 승진이나 영전을 하면 우리는 축하의 뜻으로 난(蘭)을 선물로 보냅니다.

여러분! 승진이나 영전으로 난 한 번 받아보셨어요? 요즘 여러 가지 예쁜 꽃들도 많은데 굳이 난을 보내는 이유가 뭘까요?

가장 중요한 이유는 새로 부임한 곳에 사악한 기운을 쫓아내는 일입니다. 옛날 중국 정(鄭)나라 풍속에는 삼월 삼짇날(상사일) 물가에서 젊은 남녀들이 무리 지어 난을 꺾어 들고 사악한 기운을 물리치는 봄놀이 행사를 하였습니다. 중국 남방의 초나라에서도 난은 사악함을 물리치는 중요한 향초(香草)였습니다.

둘째는 하늘 향해 돋아나는 난초 잎처럼 지조와 절개를 지키면서 고고하게 향기 나는 사람이 되라는 뜻입니다.

난 받아보셨어요?

어떤 난 받아보셨나요?

난이 잘 자라던가요?

저도 교감, 교장으로 승진하면서 난을 받아본 적이 있습니다. 어떨 때는 골마루에도 두고, 현관에도 두고, 난 거치대에도 두고 보지만 그렇게 만족스럽게 잘 키운 적이 없습니다. 시간이

지나면 난초 잎이 하나씩 하나씩 말라가죠. 그나마 현관에 두고 무심히 잊어버린 난이 제일 잘 자라고 꽃도 피우죠. 난은 반음 반양지에서 잘 자라고, 온도와 햇빛, 통풍, 물주기 등에 매우 민감한 식물이라 전문가가 아니다 보니 매번 실패합니다.

난초과는 식물군 중에서 가장 크고 진화한 식물로서 학계에 알려진 것만 해도 3만 종이 넘고 우리나라 자생종만 84종이나 됩니다.

그런데 '난초'인가요?, '난'인가요?, '란'인가요? 어떤 것은 감자난초, 닭의난초, 새우난초 등 '난초'라 부르고, 어떤 것은 잠자리난, 개제비난 등으로 '난'으로 부르고, 어떤 것은 비자란, 복주머니란, 사철란 등 '란'으로 부릅니다. 어떤 것이 맞는 것일까요?

석곡   풍란

우리말의 경우, 고유어 다음에 단어가 붙어 합성어가 되면 뒤에 오는 단어에 두음법칙이 적용됩니다. 하 어렵죠. 합성어의 경우 한글 맞춤법 규정이나 표준어 규정에 맞게 쓰려면 '난초' 나 '난'이 맞고 국가표준식물명(국명)에 방울새란, 복주머니란 등처럼 고유어 뒤에 '란'을 붙이는 것은 한글 맞춤법 규정에 어긋난 표현입니다. 아 헷갈립니다. 난초와 난의 차이도 무엇인지 모르겠고. 국가표준식물명에서 하나로 통일하면 어떨까요?

난초 말고 혜초는 그럼 뭔가요?

혜초(蕙草). 난초의 일종인 혜초. 강희안의 『양화소록』에는 '겨울과 봄에 꽃을 피우는 것을 난초라 하고, 여름에 꽃을 피우는 것을 혜초라 한다.', '난초는 하나의 꽃대에 하나의 꽃을 피우고, 혜초는 하나의 꽃대에 여러 개의 꽃을 피운다.'라고 하였습니다.

제주한란 (혜초)

허준의 『동의보감(東醫寶鑑)』에는 '우리나라 제주도에만 혜초가 있다'라고 했습니다. 그러나 오늘날 보세란(報歲蘭), 건란(建

蘭) 등 하나의 꽃대에 여러 개의 꽃을 피우는 혜란(蕙蘭) 종류를 혜초로 보고 있습니다.

공자(孔子 BC 551-479)는 춘추시대 무려 13년 동안이나 전국을 돌아다니며 제후들에게 자신을 등용할 것을 호소하였습니다. 그러나 누구도 받아주지 않았습니다. 위(衛)나라에 유세(遊說)를 갔던 공자는 또다시 거절을 당하고 참담한 심정으로 자신의 고국 노(魯)나라로 돌아와야 했습니다.

깊은 골짜기(隱谷 은곡)를 지날 때 향란(香蘭)이 고고하게 피어 향기를 내뿜고 있었습니다. '아! 저 향란은 아무도 알아주는 사람이 없어도 고결한 향기를 홀로 피우는구나!' 하며 탄식하고, 68세의 나이에 노나라로 돌아와 학문에 정진(精進)하고 제자들을 양성했다고 합니다.

세엽혜란 (옥화)

공자(孔子)가 쉽게 벼슬길에 올라 그 단맛에 취해 있었다면 오늘날 『논어(論語)』가 있었을까요?, 추사 김정희가 제주도에 유배를 가지 않았다면 '세한도(歲寒圖)'가 있었을까요?, 다산 정약용이 강진으로 유배가지 않았다면 『목민심서(牧民心書)』가 있었을까요?

보춘화 (춘란)

향기로운 행복정원

사계절 꽃피는 학교? 가능할까요?

2017년 겨울엔 영하 20도 가까이 내려갔는데 겨울에 꽃이 핀다고요? 그것도 노지에서. 가능합니다.

국명이 삼색제비꽃(*Viola tricolor*)으로 다양한 꽃색의 품종이 있는 일명 "겨울팬지"가 있습니다. 그해 가을 겨울팬지를 심고 정월에 강추위가 찾아왔습니다. 첫 추위엔 무심히 넘어갔습니다. 겨울팬지는 추위에 꽃잎을 닫고 온몸을 웅크리고 처절하게 버티고 있었습니다. 두 번째 추위엔 너무나 애처로워 비닐로 약간씩 이부자리처럼 덮어 주었습니다. 그해 겨울 분명 영하 20도 가까이 두 번이나 내려갔는데 겨울팬지는 살아남았습니다.

삼색제비꽃 (겨울팬지)

햇살이 따스할 때엔 가끔씩 꽃잎을 펼치고 화단을 밝게 비추었습니다. 봄기운이 완연하자 팬지는 땅의 기운을 받고 풍성하게 피어났습니다. 그 풍성함은 5월이 다가도록 지속되었습니다.

봄이 되면 수선화, 할미꽃, 매발톱 등 온갖 꽃들이 정원에서 향연을 벌입니다. 시네라리아, 히아신스, 무스카리도 외래종이지만 화사함을 더합니다. 봄꽃 정원은 향기로 가득 찹니다. 정원 오솔길에는 수선화, 히아신스, 무스카리가 그들의 향기로 지나가는 이의 발걸음을 멈추게 합니다. 바람 따라 스쳐오는 히아신스의 은은한 향기는 하루에도 몇 번씩 발걸음을 정원으로 옮기게 하죠.

봄 정원의 향기는 나무에서도 시작됩니다. 매화나무 한두 그루만 있어도 정원은 향기로 가득합니다. 홍매화는 꽃도 예쁘고, 향기도 진합니다. 홍매화에 향기 나는 동백을 심고, 천리향이라 부르는 서향 한 그루가 더해지면 정원은 더할 나위 없이 향기로운 정원이 됩니다.

목마가렛

3월의 배추꽃이 흰나비를 부르고 나면 정원 한구석에서는 황매화가 꽃을 피웁니다. 목마가렛, 앵초, 매발톱, 금낭화도 아름다움을 마음껏 자랑합니다. 명자나무와 불두화도 꽃을 피웁니다.

4월이 가고 5월이 오면 낮달맞이, 서양으아리, 사랑초, 자주달개비도 한창입니다. 유치원 앞 병꽃나무의 화려함이 절정을 다할 때 울타리엔 금은화(金銀花 인동덩굴), 백화등(白花藤)이 향기를 정원으로 뿌리고 무리 지은 영산홍은 화사함으로 정원을 축복합니다.

낮달맞이와 핫립세이지

5월이 오면 정원에는 장미가 피기 시작합니다. 정원의 입출입 터널 위에 찔레장미는 향기로 아이들을 불러옵니다. 가시 없는 백장미 '서머 스노우', 향기가 좋은 찔레장미 '안젤라'가 5월의 정원을 돋보이게 합니다. 세이지, 박하, 로즈마리, 라벤다도 향기 나눔을 위해 사람의 손길을 기다립니다. 세이지 중에서는 핫

립세이지, 블루세이지가 제일입니다.

태화초 장미 터널   블루세이지

향기 하면 돈나무도 빼놓을 수 없습니다. 오죽하면 사람들이 이 나무도 금목서처럼 만리향이라 부를까요.

6월. 정원에 6월이 왔습니다. 여러분은 6월 하면 어떤 꽃이 제일 먼저 생각나세요? 6월에 향기 나는 꽃. 백합이죠. 학교 정원 여기저기에 서너 포기만 심어도 6월의 정원은 향기로 가득합니다. 햇살이 좋은 곳은 먼저 꽃이 피어서 좋고, 반그늘은 좀 늦게 피어서 좋습니다. 접시꽃이 그 요염한 접시를 펼치고 나면 치자꽃도 백합에 뒤질세라 은은한 향기를 냅니다. 6월은 참으로 정원이 풍성한 달입니다. 송엽국도 피고, 해바라기도 피고, 봉숭아도 피고, 백일홍도 핍니다.

백합

 7월이 되면 그 풍성함은 최고에 달합니다. 백일홍이 호랑나비를 정원으로 불러들일 때 무궁화도 피고, 배롱나무도 피고, 수국도 핍니다. 미국부용도 무궁화와 접시꽃에 뒤질세라 연분홍 꽃을 활짝 피웁니다.

미국부용

나리 중에 가장 아름답다는 참나리도 백일홍과 함께 주아를 겨드랑이에 끼고 호랑나비를 유혹합니다. 사촌간인 에키나시아, 루드베키아도 뜨거운 햇살에 지칠 줄 모르고 꽃을 피웁니다.

뜨거운 태양이 정원을 뜨겁게 달구면 풀협죽도(*Phlox* 플록스)는 때를 만난 듯 불꽃을 활활 태웁니다. 오리향 배롱나무도 정념을 불태우고 은근한 향기로 정원식구임을 알립니다.

풀협죽도와 베르가못

9월 지나고 10월이 오면 샐비어와 다알리아의 색은 더욱 짙어지고, 나팔꽃은 아침 찬바람에 작은 종들을 줄줄이 쏟아냅니다.

청화쑥부쟁이와 바위구절초가 서리를 맞이할 때 정원은 겨울 팬지를 기다립니다.

바위구절초　　　　　　　　청화쑥부쟁이

동서양의 혼혈아 유채

    2019년 4월 16일자 울산의 모 지역신문. '태화강 곳곳에 자연적으로 자란 유채꽃이 활짝 펴 장관을 이루고 있다.' 태화강가나 태화강 하중도(河中島)에 그림처럼 노랗게 핀 꽃이 물결을 이루고 있습니다. 이 노란 꽃을 기자는 유채로 보았습니다. 이 꽃이 정말 유채꽃일까요? 아니면 야생 갓꽃일까요? 여러분은 어떻게 생각하세요? 대부분은 야생 갓꽃입니다. 물론 태화강 둔치에 일부러 심은 노란 꽃은 유채입니다. 갓은 대체로 잎이 붉은색을 띱니다. 반면에 유채는 잎이 고들빼기처럼 줄기를 감고 나죠. 태화강에 나가시면 잎을 자세히 보고 노란 꽃이 갓꽃인지 유채꽃인지 한번 구분해 보세요.

태화강가의 야생갓

4월 현장 학습을 갔습니다. 태화초등학교에서 2017년에는 6학년, 2018년에는 3학년 아이들과 교장인 저도 함께 갔습니다.

삼호 다리에서 선바위 생태관까지 태화강 백리길 제1구간을 체험하고 생태관의 물고기를 공부하는 것으로 일정을 잡았습니다. 삼호다리를 지나 징검다리 쪽으로 자전거 길을 따라 오르니 야생 갓꽃이 강변을 노랗게 물들이고 있었습니다.

노란 갓꽃은 우리 아이들의 얼굴마저 노랗게 물들였습니다. 아이들의 표정이 꽃처럼 밝아집니다. 마주치는 아이들마다 이 꽃이 갓꽃이라고 열심히 설명하지만 대부분의 아이들은 이 꽃을 유채로 알지도 모릅니다. 지역신문의 기자처럼.

강바람은 노랑꽃밭에 물결을 만들고 배리 앞 강물에 큰 고기들은 물 위로 올라와 따뜻한 햇살에 일광욕을 즐기고 있습니다.

야생갓과 아이들

이젠 유채와 갓을 구별할 수 있겠지요. 유채는 꽃잎이 네 장인 배추과('십자화과'라고도 합니다) 식물로 자연 상태에서 배추와 양배추간 혼인으로 태어났습니다. 중매쟁이는 벌과 나비죠. 소위 종속간교잡으로 태어난 거죠. 갓은 배추와 흑겨자가, 배무채는 무와 배추의 속간교잡으로 태어났습니다. 유채, 갓, 배무채의 탄생에는 배추 장다리꽃이 큰 역할을 한 것이죠.

배추를 심어 가을에 수확하지 않고 노지에서 월동을 시키면 겨울엔 얼었다 녹았다 하면서 배추의 당도가 높아져 달고 맛있습니다. 그 유혹을 뿌리치고 배추를 봄까지 두면 배추 장다리꽃이 화려하게 핍니다. 추위에 잘 견뎌 '겨울배추'라고도 불리는 꽃양배추도 마찬가지입니다. 꽃에는 벌과 나비가 수없이 찾아옵니다. 따뜻한 봄 햇살에 학교정원의 벤치에 앉아 배추흰나비의 사랑놀이를 지켜보는 것은 큰 행복입니다. 아이들과 함께 보는 것은 더 큰 행복입니다.

점심을 먹고 정원을 둘러보니 벌써 배추흰나비가 유채꽃을 찾아 숨바꼭질을 하고 있습니다. 3월이 아직도 한참 남았는데. 유채는 버릴 것이 없습니다. 지난해 가을 유채씨 한 봉지를 사 학교 안 여기저기에 뿌렸습니다. 올라 온 모종을 땅이 얼기 전 11월에 옮겨심기를 하였습니다. 그리고 2월 말에도 옮겨 심었습니다. 겨울에 학교 여기저기 파란 새싹이 자라니 만나는 사람마다 유채 겉절이를 해 먹자고 합니다. 아니 될 말씀입니다. 봄에 우리 아이들에게 꽃을 보여 주기 위해 심은 것입니다. 유채꽃은 피는데 코로나로 아이들이 학교에 오지 않으니 너무 아쉽습니다. 하루빨리 아이들이 등교해 노란 유채꽃과 배추흰나비를 보았으면 좋겠습니다.

유채는 뭐니 뭐니 해도 꽃입니다. 온 들판에 유채꽃이 피어 있는 모습은 황홀하기까지 합니다. 지난해 1월 22일 제주도에 동백꽃 기행을 갔습니다. 그런데 동백꽃 외에 뜻밖의 선물을 얻었습니다. 제주 수선화는 물론이고 산방산 주변 유채는 벌써 꽃을 피우고 있었습니다.

다음날 성산 일출봉을 찾았습니다. 입구에 차들이 줄지어 서 있었습니다. 무슨 일이지? 하고 우리도 길옆에 차를 세우고 내렸습니다. 웬일입니까? 유채꽃이 활짝 피어 꽃밭 속엔 연인들이 한창 사진을 찍고 있었습니다. 아내와 저도 유채꽃밭을 한동안 거닐고 성산 일출봉과 야자수를 배경으로 사진도 찍었습니다.

프랑크푸르트 외곽에서 찍은 유채밭

2012년 5월 독일 프랑크푸르트를 방문한 적이 있습니다. 도롯가에 끝없이 펼쳐지는 유채 세상. 하도 궁금해 가이드에게 물었습니다. 왜 이렇게 유채를 많이 심느냐고. 가이드 말씀. 유채씨로 기름을 짜 고급식용유로 사용할 뿐만 아니라 자동차의 연료로 사용한다고. 꽃도 보고, 자동차도 타고, 나물도 먹고. 앞으로 유채 세상은 더 넓어만 가겠지요. 화려한 꽃일수록 개화기간이 짧은데 비해 유채는 그 기간이 무려 한 달이나 되니.

도원(桃源)과 인면도화(人面桃花)

　복숭아꽃, 살구꽃, 아기진달래. 그 복숭아꽃 피는 무릉도원(武陵桃源)을 찾아갑니다. 옛날 중국 진(晉)나라 때, 무릉(武陵)이라는 곳에 고기를 잡는 어부가 살고 있었습니다. 어느 날 어부는 시내를 따라 올라가다가 길을 잃고 말았습니다. 배는 어느새 복숭아꽃이 사방에 흐드러지게 핀 강을 지나고 있었습니다. 온 천지에 향기 나는 꽃들이 만발하고 꽃잎은 분분히 날리고 있었습니다. 앞이 궁금하여 좀 더 나아가니 산이 막아섰습니다. 그곳에 작은 동굴이 있었는데 동굴에서 희미한 빛이 새어 나오고 있었습니다. 어부는 배를 버리고 동굴로 들어갔습니다. 입구는 좁았으나 몇 발자국 나서자 시야가 훤하게 트였습니다.

복사꽃 핀 마을

　너른 들판에 집들이 늘어서 있었습니다. 기름진 논밭이며 아름다운 연못, 뽕나무, 대나무가 눈에 들어왔습니다. 개와 닭 우는 소리가 한가로이 들리고 사람들의 농사짓는 모습은 기쁨과 즐거움으로 넘쳤습니다. 어부를 보고 그들은 깜짝 놀라며 집으로 초대해 술을 내고 닭을 잡아 음식을 베풀어 주었습니다. 자기의 선조들은 진(秦, 기원전 221~206)나라 때 난을 피해 이곳에 들어와 살았으며 그 이후 밖으로 나가지 않아 외부와 완전히 단절되었다고 하였습니다. 그들은 진나라 이후 한(漢)나라가 들어선 것도, 위진(魏晉)시대가 온 것도 알지 못했습니다. 어부는 며칠을 머문 후 동굴을 나와 배에 올랐습니다. 마을 사람 누군가가 그곳을 바깥세상에 알리지 말아 달라고 하였습니다. 나오면서 일일이 표식을 해 두고 고을로 돌아와 태수에게 자초지종을 말했습니다. 태수는 사람을 보내 그곳을 찾으려 했으나 끝내 찾아내지 못했습니다. 남양(南陽)의 유자기(劉子驥)도 이 이야기를 듣고 그곳을 찾아가려 했으나 병이 들어 죽고 말았습니다. 그 후로는 아무도 그곳을 찾지 않았습니다.

능수도화

도연명(陶淵明)의 도화원기(桃花源記)입니다. 우리 인간들이 꿈꾸는 이상향(理想鄕)이죠. 500여 년 동안 문명과 단절되어 살았어도 미움과 다툼이 없는 세상 무릉도원입니다. 코로나19로 지금은 비록 암울하고 힘들지만 복숭아꽃 피는 4월의 도원을 기다려 봅니다.

복숭아꽃 이야기 하나 더 하겠습니다. 당나라 때 최호(崔護)라는 잘생긴 남자가 있었습니다. 진사 시험에 낙방하고 울적한 마음에 청명절(淸明節)을 맞아 장안의 교외로 봄놀이를 나갔습니다. 그곳에서 집안 가득 복숭아꽃이 만발한 집을 발견했습니다. 하도 집이 조용해 집안에 아무도 없는 듯하였으나 방문을 두드리니 한 여자가 문틈으로 내다보면서 누구냐고 물었습니다. "봄을 찾아 홀로 거닐고 있는데 술을 마신 후라 물을 좀 얻어 마실까 하오" 여자는 이내 물을 가지고 나와 문을 열고 최호를 안내해 의자에 앉게 하였습니다.

삼색도화

여자는 복숭아나무에 비스듬히 기대어 우두커니 서서 최호를 그윽하게 바라보았습니다. 그 자태가 너무나 아름답고 가냘프면서도 고왔습니다. 최호가 말을 걸었으나 여자는 대꾸하지 않고 오랫동안 쳐다보기만 했습니다. 최호가 작별을 고하자 여자는 마치 미련이 남은 듯 여운을 남기며 들어갔습니다. 최호도 아쉬운 마음으로 떨어지지 않는 발길을 돌렸습니다.

만첩홍도

이듬해 청명절, 최호는 그 여자가 너무나 생각나 그녀의 집을 찾아갔습니다. 문과 담(墻)은 여전했지만 대문은 굳게 잠겨 있었습니다. 문에 시 한 수를 남겼습니다.

去年今日此門中 (지난해 이맘때 이 집에는)
人面桃花相映紅 (그대 얼굴 복숭아꽃으로 물들었지)
人面不知何處去 (그 얼굴 지금은 어디 가고)
桃花依舊笑春風 (복숭아꽃만 봄바람에 웃고 있네)

인면도화(人面桃花). 복숭아꽃처럼 어여쁜 얼굴을 가진 사모하는 사람을 다시는 만나지 못하게 된 경우나, 경치는 예전 그대로지만 그 경치를 구경할 때 함께 했던 연인이 곁에 없는 경우를 비유하는 말로 쓰이게 되었습니다. 최호는 과연 복숭아꽃 그 여자와 어떻게 되었을까요?

잘 익은 복숭아는 한때 사랑했던 여인의 볼을 닮았습니다. 분분히 떨어지는 복숭아 꽃잎은 사랑했던 여인을 생각나게 합니다. 아직도 복사꽃 피는 4월이 되면 잘 익은 복숭아를 닮은 사모했던 옛 여인을 기다리고 계시나요?

만첩분홍도

철쭉제 안 가시나요?

4월, 참으로 가슴 설레고 벅찬 달입니다.

4월의 대지, 신선 세계가 이보다 더 아름다울 수 있을까요? 복사꽃, 살구꽃, 자두꽃, 진달래 피고, 벚꽃놀이가 끝나갈 즈음 철쭉은 형형색색의 색동옷을 갈아입고 또 다른 세상을 펼칩니다. 공원에도, 길가에도, 정원에도 철쭉은 빠르게 4월과 함께 주변을 천연색으로 물들이고, 5월이 되면 산야를 물들입니다.

진달래

그런데 그 진달래 집안의 철쭉들이 참으로 헷갈립니다. 진달래, 철쭉, 연달래, 산철쭉, 수달래, 영산홍, 연산홍, 왜철쭉,

일본철쭉 등. 구분이 되시나요? 오늘은 우리가 통상적으로 철쭉이라 부르는 진달래 집안 호적 정리를 해보겠습니다.

진달래는 아시죠. 김소월의 영변의 약산 진달래꽃. 먹을 수 있다고 '참꽃'으로 부르고 잎보다 꽃이 먼저 피는 꽃. 한자로는 두견화(杜鵑花)라 부르고 3월에 피는 그 꽃.

다음은 진짜 철쭉입니다.

우리가 통상적으로 부르는 철쭉 말고, 진짜 철쭉은 뭘까요?

국명이 철쭉인 진짜 철쭉의 꽃색은 연분홍색입니다. 반음지식물로 키가 보통 2m에서 5m까지 자랍니다. 진달래가 피고 연달아 핀다고 해서 연달래라 부르기도 합니다. 어떤 이는 꽃색이 연해서 연달래가 되었다고도 합니다. 한국, 중국, 일본이 자생지인 철쭉(연달래)은 삼국유사에 실린 수로부인 이야기에서 처음 나옵니다.

신라 최고의 절세미인 수로부인은 성덕왕(702~737)때 강릉태수로 부임하는 남편 순정공(純貞公)을 따라가게 됩니다. 바닷가에서 점심을 먹으면서 낭떠러지에 활짝 핀 철쭉꽃을 보고 꺾어서 가지고 싶어 했으나 아무도 낭떠러지에 올라가려 하지 않았습니다. 그때 마침 암소를 끌고 지나가던 늙은이가 꽃을 꺾어 헌화가(獻花歌)와 함께 부인에게 바칩니다.

삼국유사 원문에 척촉화(躑躅花)로 나오는 바로 이 꽃이 연분홍 철쭉일 가능성이 높습니다. 척촉화는 철쭉 척(躑), 머뭇거릴 촉(躅)자를 써 '꽃이 너무 아름다워 산객이 길을 가다 걸음을 머뭇거린다'라는 뜻을 지니고 있다는 설이 있습니다.

철쭉은 우리나라 전국에 자생하며 한라산 중산간에서도 5월에 가면 아름다운 철쭉을 볼 수 있습니다.

철쭉

그럼 산철쭉은 뭔가요?

철쭉이 연분홍이라면 산철쭉은 진분홍입니다. 진달래꽃을 먹을 수 있어 참꽃이라 한다면 산철쭉은 독성이 있어 먹지 못하므로 '개꽃'이라 부릅니다. 꽃술을 만지면 진득거립니다. 철쭉의 키가 5m까지 자란다면 산철쭉은 사람의 키를 넘지 못합니다. 그리고 중요한 것은 원산지가 우리나라입니다.

지리산 바래봉(해발 1,165m)은 해마다 5월이면 진분홍 산철쭉 꽃으로 물듭니다. 전국 제일의 산철쭉 군락지라는 유명세를 타면서 한 달도 채 안 되는 개화기 동안 전국에서 20여만 명의 탐방객이 꽃구경을 온다고 합니다.

1972년 남원시 운봉읍에 한국·호주면양시범농장이 국립종축

장 분소로 설치되면서 바래봉 일대는 양떼 3~4,000마리가 사는 한국 속의 오스트레일리아가 되었습니다. 그 양들이 다른 풀이나 나무는 모조리 뜯어 먹었으나 산철쭉은 독성이 있어 먹지 않아 이곳이 전국 최대의 산철쭉 군락지가 된 것입니다.

물가에서 자라는 산철쭉을 물철쭉 또는 수달래라고 부르기도 합니다.

산철쭉

이젠 참으로 골치 아픈 영산홍(映山紅)을 한번 볼까요? 영산홍을 한자 그대로 풀이하면 산을 붉게 물들이는 꽃이란 뜻입니다. 그러나 정작 우리의 산야를 붉게 물들이는 철쭉은 많지 않습니다. 우리 산야에 피는 철쭉과 산철쭉은 연분홍이나 진분홍으로 산을 물들이죠.

다음(Daum) 백과사전의 정의에 의하면 "영산홍은 일본에서 자라는 철쭉의 한 종류인 사쓰끼철쭉(サツキツツジ)을 기본종으로 개량한 철쭉의 원예품종 전체를 말하며, 서로 교배하고 육종

한 것이 수백 종이 넘어 일일이 특징을 말하기도 어렵다. 따라서 영산홍이란 '사쓰끼철쭉을 대표종으로 품종 개량한 일본 산철쭉 무리'라고 정의하고자 한다."라고 되어 있습니다.

그렇습니다. 영산홍은 원래 일본 꽃이었습니다. 그럼 영산홍이 우리나라엔 언제 들어왔을까요?

강희안은 『양화소록』에서 이 부분에 대한 상세한 기록을 남겼습니다. "세종 23년(1441) 봄, 일본에서 철쭉 화분 몇 개를 진상하였다. 주상께서 내정(內庭)에 두게 하였는데 꽃송이가 무척 크고 오래도록 지지 않아, 우리나라 품종과 그 고움과 추함을 비교하면 서시(西施)와 모모(嫫母)와 같다."고 하였습니다.

일본철쭉 영산홍이 얼마나 아름다웠으면 중국의 최고 미인 서시(西施)와 같다고 하고 우리 철쭉은 못생긴 여자를 대표하는 모모(嫫母)와 같다고 하였을까요. 일본철쭉은 사쓰끼철쭉으로 조선에서는 영산홍이란 이름으로 왕조실록에도 등장하며 조선의 선비들이 즐기는 꽃으로 널리 퍼져나갔습니다.

영산홍을 제일 좋아한 임금은 연산군이었습니다. 『연산군일기』에 따르면 연산 11년(1505년)에 영산홍 1만 그루를 후원에 심도록 하였습니다. 영산홍을 연산군의 사랑을 받은 꽃이라 연산군 할 때 연(燕)자를 써 연산홍(燕山紅)이라 부르기도 합니다.

일본철쭉 (사쓰끼철쭉)

우리의 산철쭉과 영산홍을 구분할 때 꽃 수술의 개수로 구분하기도 합니다. 우리 산철쭉은 수술이 10개이고 영산홍은 5개입니다. 그럼 수술이 6개, 7개, 8개 등은 뭔가요? 그것은 산철쭉, 철쭉, 영산홍의 교잡종으로 보시면 됩니다.

정리하면 진달래과 집안에는 진달래(Korean rosebay)가 있고, 진짜 철쭉이자 철쭉의 왕이며 한국, 중국, 일본 등 아시아가 원산지인 철쭉(Royal Azalea)이 있으며 우리나라가 원산지인 산철쭉(Korean Azalea)이 있습니다. 그리고 일본이 원산지인 사쓰끼철쭉(Satsuki Azalea) 등을 개량한 일본철쭉을 한국에서는 영산홍, 연산홍, 일본철쭉, 왜철쭉 등으로 부릅니다. 하나 더 철쭉과 산철쭉은 낙엽관목인데 비해 사쓰끼철쭉은 상록관목입니다. 조금 이해가 되시나요?

화중왕(花中王)

 장안의 봄 거리. 수레와 말들로 왁자지껄한 시장통. 사람들이 줄지어 모란(牡丹)을 사러 간다. 〈중략〉 한 늙은이 우연히 꽃시장에 왔다가 탄식하기를 "한 떨기 꽃값이 열 집의 세금과 맞먹는구나!"

 1,200년 전 당나라 장안의 꽃시장 풍경입니다.

 모란의 화품(花品)에 장안 사람들이 얼마나 열광했는지를 보여 줍니다. 그 당시 가구당 세금은 얼마나 냈는지는 몰라도 오늘날과 비교하면 모란 한 떨기의 값은 상당했을 것입니다. 열 집의 세금이면 몇 십만 원은 되지 않았을까요?

 화중왕(花中王). 화왕(花王)

 여러분은 꽃 중에 무슨 꽃이 왕이라고 생각하세요? 장미와 모란 중. 아니면 다른 꽃이라도. 서양에서 화왕이 장미라면 동양에선 화왕은 분명 모란입니다.

 모단(牡:수킷 모, 丹:붉을 단)은 한자어이고 우리 국명은 모란이라 하고 글자가 비슷한 목단(牧丹)으로도 많이 불립니다. 하도 꽃이 부(富)티가 나 부귀화(富貴花)라고도 하죠.

 모란(牡丹, 파이오니아 수프루티코사 *Paeonia suffruticosa*).

천향(天香)과 국색(國色)을 모두 갖춘 아름답고 농염(濃艶)한 꽃, 한껏 무르익어 관능적인 꽃, 수양제가 완상(玩賞)하고 당현종이 침향정(沈香亭) 앞에 심으니 술 취한 이태백이 양귀비와 비유하였으니, 가히 모란은 천년을 뛰어넘는 세월을 왕실과 귀족의 애호를 받으면서 화왕(花王)의 자리를 누렸습니다. 풍만함과 호사스러움의 극치. 그 매력에 가는 학교마다 풍요와 평화를 기원하며 모란을 심었습니다.

그럼 중국이 원산지인 모란이 우리나라에 언제 들어왔을까요?

그 기록을 삼국사기와 삼국유사에서 찾을 수 있습니다. 좀 더 자세한 기록을 남긴 삼국유사에는 당태종(이세민 598~649)이 신라 26대 진평왕(재위 579~632) 632년에 홍색, 자주색, 흰색의 모란도(牡丹圖) 3점과 모란 씨앗 3되를 보내왔다고 쓰여 있습니다.

진평왕에게는 평소에 그가 총애하는 딸 덕만 공주가 있었습니다. 덕만 공주는 당에서 보내온 모란도를 보고 '이 꽃은 매우 아름답지만 그림 속에 나비와 벌이 없으니 반드시 향기가 없는 꽃일 것이다.'라고 말했습니다. 이 말을 듣고 당나라 사신마저 공주의 명민(明敏)함에 놀랐습니다. 실제로 모란 씨를 심었더니 꽃에 향기가 없었다고 합니다.

영민한 이 덕만 공주가 바로 그해 신라 제27대 왕위에 오른 선덕여왕입니다.

홍모란

　당태종은 왜 왕위에 오를 덕만에게 향기가 나지 않는 모란을 보냈을까요? 선덕은 당태종이 혼자 사는 자기를 놀린 것이라고 말합니다.

　그럼 모란의 모든 종이 향기가 없는 것일까요? 그렇지는 않습니다. 원예종 모란의 대부분은 향기가 있습니다. 강렬하지도, 달콤하지도 않은 은은한 향기, 남성을 유혹하는 여인의 향기가 있습니다.

　화왕 모란이 봄이 되자 어여쁘게 피어나서 모든 꽃들을 능가하며 홀로 빼어났다. 이에 온갖 싱그러운 꽃들이 분주히 와 화왕을 조회하였다. 그중에 장미라는 요염한 가인(佳人)이 아양을 부리며 "첩이 일찍이 왕의 아름다운 덕을 듣고 흠모하는 마음으로 찾아 왔사오니 하룻밤 잠자리로 모시겠습니다."하였다. 또 베옷 입은 빈한(貧寒)한 선비로 길가에 살던 백두옹(할미꽃)이 찾아와 간언하기를 "예로부터 임금이 요염(妖艶)한 여인을 가까

화중왕(花中王)　69

이하면 충직한 신하를 잃게 됩니다."라고 하였다. 그 유명한 설총의 『화왕계(花王誡)』 일부분입니다.

신라가 삼국통일(676)을 하고 평화로운 나날이 계속되자 통일 이후 왕위에 오른 제31대 신문왕은 후궁들을 불러 놀기를 즐겼다고 합니다. 이에 설총은 화왕의 이야기로 왕에게 풍간(諷諫 임금의 잘못을 지적하고 비유 등 완곡한 표현으로 바르게 고치도록 이야기함)을 한 것이지요. 실제로 신문왕은 화왕의 이야기를 듣고 국정에 온 힘을 쏟아 통일신라 전성기의 기반을 마련합니다. 고승 원효대사의 아들인 설총이 대단한 사람인 거죠.

화무십일홍(花無十日紅)이라 했던가? 그토록 화려하고 우아한 화왕 모란도 열흘을 넘기지 못하고 꽃잎을 떨구니, 부귀도 영화도 일장춘몽(一場春夢)이라. 그래도 나는 모란이 피기까지는 봄을 기다리고 있을 테요. 찬란한 봄을. 작년에 심은 모란꽃을.

모란 (흰색)   모란 (분홍)

농사를 점치는 나무

이 나무의 꽃이 만발하면 그 해는 풍년이 들고, 시름시름 피면 가뭄이 오고, 잘 피지 않으면 흉년이 듭니다.

또 이 나무는 물이 많은 지역에서 잘 자라고, 비의 양이 적당하면 꽃이 활짝 피고, 부족하면 잘 피지 못합니다. 무슨 나무일까요?

이 나무를 영어로는 snow flower라고 합니다. 서양인들은 이 나무의 꽃을 보면 눈꽃이 생각나나 봐요. 이 나무를 천연기념물로 지정한 곳이 전국에 8곳이나 있습니다. 무슨 나무일까요?

학술적 가치가 높거나 드물고 희한하여 법률로 지정하여 보호하고 관리하는 동식물과 그 서식지, 지질, 광물 등의 천연물을 천연기념물이라고 합니다. 그중에 식물이 제일 많고 식물 중에서도 노거수가 많습니다. 이 나무는 은행나무, 소나무, 느티나무 다음으로 천연기념물이 많습니다. 생각이 나시나요? 무슨 나무인지.

이 나무는 5월에 꽃이 피는 나무입니다. 그런데 4월 25일인 오늘 아침 아파트 정문을 나서니 근처 가로수에 이 꽃이 하얗게 피었습니다. 학교에 오니 운동장에도 이 꽃이 피었고, 아침에 뉴스를 보니 남부경찰서 정원에도 이 꽃이 피었습니다. 무슨 나무일까요?

이팝나무입니다. 2019년에는 봄이 빨리도 왔습니다. 적어도 열흘은 빨리 온 것 같습니다. 4월에 피는 벚꽃도 올해는 3월에 피었습니다. 봄이 빨리 오니 꽃들이 정신을 못 차립니다. 꽃이 피는 시기에는 순서가 있기 마련인데, 봄이 빨라 꽃이 한꺼번에 피어 올해는 꽃 폭식을 합니다.

이팝나무. 요즘은 울산에도 은행나무나 양버즘나무를 밀어내고 느티나무와 함께 가로수로 많이 심는 나무입니다. 삼산동 일대의 도심지 가로변, 태화교에서 명촌교까지의 태화강가 구시가지 쪽 가로변, 구영리 신시가지의 가로변, 통도사 서운암 주변 등 5월이 오면 우리는 가로수에 쌀밥처럼 소복이 쌓인 아름다운 눈꽃을 볼 수 있습니다.

울산 태화동 이팝나무

예부터 우리 조상들은 이밥에 고깃국을 먹는 것이 소원이었습니다. 이밥은 이(李)씨의 밥입니다. '조선 시대에는 벼슬을 해야 비로소 이씨인 임금이 내리는 흰쌀밥을 먹을 수 있다' 하여 쌀밥을 이밥이라 불렀습니다. 잘 핀 꽃잎 하나하나는 쌀로 지은 밥알 같고, 이들이 모여서 이루는 꽃 모양은 멀리서 보면 밥그릇에 쌀밥을 수북이 담아 놓은 것처럼 보입니다. 우리 조상들이 보릿고개로 주린 배를 잡고 바라본 5월의 이팝나무 꽃은 더더욱 쌀밥처럼 보였을 것입니다.

조팝나무가 조밥나무에서 유래되었듯이, 이팝나무도 이밥나무에서 유래되었습니다. 전해오는 이야기가 있습니다.

옛날 경상도 어느 마을에 열여덟 살에 시집온 착한 며느리가 살고 있었습니다. 그는 시부모님께 순종하며 쉴 틈 없이 집안일을 하며 살았습니다. 그러나 시어머니는 끊임없이 트집을 잡고 구박하며 시집살이를 시켜, 며느리는 온 동네 사람들의 칭송과 동정을 함께 받고 있었습니다. 그러던 어느 날, 집에 큰 제사가 있어 며느리는 조상님께 드리는 쌀밥을 짓게 되었습니다. 항상 잡곡밥만 짓다가 모처럼 쌀밥을 지으려니 혹 밥을 잘못 지어 시어머니에게 꾸중을 들을까 봐 겁난 며느리는 밥에 뜸이 잘 들었나 하고 밥알 몇 개를 떠서 먹었습니다. 그러나 공교롭게도 그 순간 시어머니가 부엌에 들어왔고 그 광경을 보게 되었습니다. 시어머니는 조상님께 드릴 셋잿밥을 며느리가 먼저 퍼먹는다고 심하게 질책을 하였습니다. 시어머니의 학대를 견디지 못한 며느리는 그길로 뒷산에 올라가 목을 매어 죽었습니다. 이듬해 며느리가 묻힌 무덤가에서 나무가 자라더니 흰꽃을 나무 가득 피워 냈습니다. 이밥에 한이 맺힌 며느리가 죽어서 된 나무라 하여 동네 사람들은 나무를 이밥나무라 부르게 되었답니다.

김해 신천리 이팝나무

우리가 사는 울산에서 가까운 김해 신천리와 천곡리에는 500년 된 이팝나무가, 양산 신전리에도 300년 된 이팝나무가 살고 있습니다. 울산에도 태화동과 청량면 문죽리 죽전마을에 수백년 된 이팝나무가 살고 있습니다. 5월엔 이팝나무 노거수를 한번 둘러보는 것도 좋을 듯합니다.

미국이팝나무 (버지니아이팝나무)

초롱을 닮은 꽃

초롱을 닮은 꽃이 있습니다.

초롱에는 청사초롱, 홍사초롱, 금강초롱이 있습니다. 청사초롱, 홍사초롱, 금강초롱은 초롱꽃의 이름입니다.

초롱? 아시죠.

손전등이 없던 시절 깜깜한 밤길을 갈 때 바람에 꺼지지 않도록 외피를 씌운 직육면체의 옥외용 등. 초롱의 외피는 한지와 비단을 사용합니다. 그래서인지 초롱꽃 꽃잎의 질감은 마치 한지 같고, 금강초롱꽃 꽃잎의 질감은 마치 비단 같습니다.

초롱

청사초롱

초롱꽃과 아이들

우리 학교에도 곳곳에서 초롱꽃은 볼록한 꽃봉오리를 맺고 기다란 종 모양의 아름다운 꽃을 우르르 쏟아내려 하고 있습니다. 청아한 종소리가 들릴 듯한 초롱꽃에 개미들이 끊임없이 드나듭니다. 초롱꽃은 개미들의 먹이 창고이자 놀이터입니다. 아이들 또한 개미와 하나 되어 재미에 푹 빠집니다. 아이들이 워낙 좋아해서 초롱꽃은 꽃을 피우고도 못내 아쉬워 다시 한 번 꽃을 피웁니다. 아마 초롱꽃이 없는 학교는 거의 없을 것입니다.

초롱꽃에는 흰섬초롱, 자주섬초롱, 금강초롱, 흰금강초롱, 검산초롱, 백두산초롱, 청강초롱 등 여러 가지가 있으며 최근 시중에는 다양한 색깔의 개량종 초롱꽃도 선보이고 있습니다.

섬초롱은 '섬'에서 발견되었다는 이야기입니다. 그 섬은 어떤 섬을 말할까요? 제주도, 울릉도, 완도 중 어느 섬일까요? 식물은 향명, 학명, 영명을 보면 그 식물의 특성을 어느 정도 이해할 수 있습니다.

아하 섬초롱은 그럼 '섬'에서 발견한 식물이군요.

그럼 어느 섬인지 섬초롱의 학명을 한번 볼까요?

섬초롱꽃 학명은 캄파눌라 타케시마나(*Campanula takesimana* Nakai)입니다. 캄파툴라(*Campanula*)는 섬초롱꽃의 속명입니다. 꽃이 종처럼 생긴 꽃을 총칭하는 말로도 쓰입니다. 아시다시피 학명은 라틴어로 쓰도록 되어 있고, 속명의 제일 앞 글자는 대문자로 써야 합니다.

섬초롱꽃 (자주색)

문제는 타케시마나(*takesimana*)입니다. 속명 다음에 쓰는 종소명은 식물의 생태적 특성이나 그 식물이 발견된 지명(地名), 발견자의 인명 등 다양한 근거로 만들어 붙여지고, 표기는 형용사형으로 씁니다. 그리고 마지막엔 학명을 붙인 명명자를 기재합니다. 그렇다면 섬초롱꽃은 나카이(Nakai, 일본인 식물학자인 나카이 다케노신, 1882~1952)가 다케시마 즉 독도에서 발견했다는 이야기인데. 현재 일본에서는 독도를 다케시마라고 부르지만 나카이가 섬초롱에 이름을 붙일 때만 해도 아니었습니다.

나카이는 울릉도에만 채집을 갔고, 독도는 가본 적이 없습니다. 즉, 울릉도를 지칭하는 용어로 다케시마를 쓴 것입니다. 일본은 독도를 1905년 시네마현으로 편입하여 자기네 땅이라고 주장하고 있는데, 그들의 주장과는 달리 일제강점기 내내 채집 활동을 한 국립 도쿄대학교 식물학 교수였던 나카이가 울릉도를 지칭하는 지명으로 다케시마를 썼다는 것은 웃기는 일입니다. 이제

초롱을 닮은 꽃   77

는 아시겠죠. 식물이름 앞에 '섬'자가 붙은 식물 중에 종소명이 다케시마나라면 그 식물은 울릉도에서 발견된 식물입니다.

그런데 같은 '섬'자가 붙은 식물이라 해도 모두가 울릉도에 자생하는 식물이 아니라는 것입니다.

다음 식물을 볼까요? 섬쑥 '섬'은 섬인데 어디일까요.

섬쑥의 학명을 한번 살펴보겠습니다. 섬쑥(아르테미시아 할라이사넨시스 *Artemisia hallaisanensis* Nakai). 아! 섬쑥은 종소명이 한라산이군요. 그럼 섬쑥의 자생지가 어디인지 아시겠죠. 제주도입니다. 일본의 식물학자 나카이가 울릉도에서 채집한 식물에는 다케시마를 종소명에 붙이고, 제주도에서 발견된 식물에는 종소명에 한라산을 붙이거나 '탐라'나 '사이슈(제주)' 등으로 붙였습니다.

제주섬쑥

그런데 슬픈 것은 우리의 특산식물에 이름을 붙인 이가 일본인 나카이군요.

일본인 식물학자 나카이 다케노신(中井猛之進).

나카이는 1907년 도쿄대학교 식물학과를 졸업하고 동 대학원에서 식물분류학을 전공합니다. 주된 전공이 '조선식물 연구'였습니다. 조선총독부의 촉탁으로 위촉되어 강의가 없는 여름방학 등을 이용하여 한반도로 건너와 조선식물을 채집하고 분류하는 작업을 계속했습니다. 1909년에 처음 조선으로 건너와 함경남북도 지역에서 채집을 시작했으며, 1940년까지 19차례에 걸쳐 제주도, 울릉도, 완도, 금강산 등 조선 방방곡곡을 돌아다니며 식물 1만 4천여 점을 채집하고 한국 특산식물 527종 중 327종의 학명에 자신의 이름을 올립니다.

당시 조선에서는 식물을 연구하여 직접 학명을 붙일 수 있는 조선인 전문가가 단 한 사람도 없었습니다. 안타까운 것은 나카이가 금수강산에만 피는 우리 꽃, 금강산에서 발견한 청보라색의 아름다운 금강초롱꽃의 학명(*Hanabusaya asiatica* Nakai 하나부사야 아시아티카)을 자신의 식물 연구에 도움을 준 하나부사 요시모토(花房義質)라는 일본 정치인의 이름을 가져와 붙인 것입니다. 그 당시 식물학계에서는 관행적인 일이었다고 하지만 한국인들에게는 기분 좋은 일이 아닙니다. 더구나 한국 특산식물에 '아시아의'라는 뜻을 가진 아시아티카(*asiatica*)를 종소명으로 붙였습니다. '대동아공영권'을 주장하던 일본제국주의의 냄새가 물씬 나는 행위였습니다. 그래서 일제강점기 식물명이 '화방초(花房草)'였습니다. 하나부사라는 이름를 한자로 쓰면 '화방(花房)'이 되거든요.

청사초롱　　　　　　　청강초롱

검산초롱　　　　　　　홍사초롱

금강초롱꽃 (흰색)   섬초롱꽃 (흰색)

금강초롱꽃

1937년 조선인 식물학자들만으로 구성된 조선박물연구회는 『조선식물향명집』이라는 우리말 식물명 모음집을 발간합니다. 4명의 편저자 이름으로 나왔지만, 실질적으로 조선박물연구회 회원들의 공동 작품입니다. 이때 와서야, 우리말 식물명은 처음으로 '금강초롱'이라는 새로운 이름이 붙여졌습니다. 조선인 스스로 붙인 얼마나 아름다운 식물명인가요. 지금은 '금강초롱꽃'이라는 식물명을 국명으로 삼고 있습니다

가을이면 비록 금강초롱꽃 만나러 금강산엔 갈 수 없지만 야생에서 그 꽃을 꼭 만나고 싶습니다.

변신의 여왕 수국

송화(松花) 가루 사랑 찾아 온 세상을 물들이고, 아카시나무, 밤꽃 향기가 한바탕 벌나비를 유혹하고 나면 어느덧 여름은 찾아옵니다. 여름 무더위가 시작되면 그렇게도 많던 꽃들은 자취를 감추고 몇 안 되는 꽃들이 그나마 위안을 줍니다.

한라산의 산철쭉을 늘 동경해 오다 지난해 드디어 6월에야 영실에 올라 그리던 그 꽃을 만났습니다. 거기다가 제주 기행에서 뜻밖에 화우(花友) 수국(水菊)을 만나는 행운도 얻었습니다.

6월의 제주에는 수국 천지입니다. 제주허브동산, 휴애리, 여미지식물원, 카멜리아힐, 민속촌, 절물자연휴양림 등 어디를 가든 수국을 만날 수 있습니다.

수국 (제주허브농원)　　　　별수국 (여미지식물원)

그리고 제주 수국의 꽃색은 너무나 황홀합니다. 다른 곳의 수국은 풍성함과 우아함에서 제주 수국을 따를 수가 없습니다. 여미지식물원의 수국 동산에서는 별수국이 좋습니다. 제주허브동산의 푸른 하늘 아래 푸른 수국이 뭉글뭉글 핀 모습은 아름답습니다. 제주 수국의 블루는 동산을 찾은 여인의 원피스 색을 닮았습니다.

이렇게 아름답고 황홀한 수국. 학명은 히드란게아 마크로필라(*Hydrangea macrophylla*)입니다. 아시죠? 학명은 속명, 종소명으로 이루어진다는 것. 학명은 종의 속성과 특징을 담는 경우가 많습니다. 속명인 '히드란게아(*Hydrangea*)'는 그리스어로 '물'이라는 뜻이고, '마크로필라(*macrophylla*)'는 '큰 잎'이란 의미를 가지고 있습니다. 그러니까 수국은 말 그대로 물을 아주 좋아하고, 큰 잎을 가진 꽃이란 뜻입니다.

한자로도 水菊(수국)이니깐 '물을 좋아하면서 마치 국화처럼 풍성한 꽃을 피운다'라는 뜻입니다. 수국은 실제로 약간 그늘진 북사면에서 잘 자라고 물을 무지무지하게 좋아합니다. 중국에서는 수구화(繡毬花)라고 부르죠. 비단으로 수를 놓은 것처럼 아름답고 둥근 꽃이라는 뜻입니다.

미국수국 '애나벨'

수국의 많은 품종 중에 '오탁사(*Hydrangea macrophylla* for. *otaksa*)'라는 품종이 있습니다.

19세기 들어 많은 유럽의 식물 헌터들이 진기한 식물들을 찾아 아시아, 아프리카 등으로 식물 사냥을 떠납니다.

『일본식물지(Flora Japonica)』를 쓴 독일인 의사이자 식물학자 지볼트(Philipp Franz von Siebold 1796~1866)는 약관 28세의 나이에 식물조사단으로 일본에 와 있다가 유녀(遊女)인 쿠스모토 타키(楠本滝)를 사랑하여 부인으로 삼게 됩니다. 그는 쿠스모토 타키를 'オタクサン(お滝さん 오타쿠상)'이라 불렀고, 그녀를 기념하여 수국의 학명에 이름을 넣어 발표합니다. 그 학명이 *Hydrangea otaksa*입니다. 지금은 수국의 한 품종으로 취급합니다. 그녀와의 사이에 낳은 딸이 일본 최초의 여자 산부인과 의사인 쿠스모토 이네(楠本 イネ)이며, 그 손녀가 일본 만화 〈은하철도 999〉에 나오는 메텔의 모델이 된 여의사 쿠스모토 타카코(楠本高子)입니다. 네델란드 라이덴 대학의 식물원에 가면 지볼트의 흉상이 있는데, 그 주변을 수국을 심어 놓았다고 합니다.

수국 꽃은 피는 시기에 따라, 토양의 성질에 따라 꽃의 색깔이 변합니다. 처음엔 연두색으로 시작해서 흰색으로, 푸른색으로, 붉은색으로 변해갑니다. 토양이 산성이면 푸른색 꽃이 피고, 중성이면 흰 꽃이 피며 알칼리성이면 붉은색 꽃이 핍니다. 때문에 토양의 산성도가 높은 우리나라에선 수국 하면 푸른색이 떠오르지만, 토양이 알칼리성인 유럽에서는 수국 하면 붉은색 꽃을 떠올린다고 합니다.

수국 3그루와 새로 산 별수국 등 2그루를 포함한 수국 5그루가 행복정원의 식구가 되었습니다. 그해 여름 수국은 몇 송이 피지 않았습니다. 이듬해는 1월에 기온이 두 번이나 영하 10도 이하로 떨어져 꽃눈이 거의 얼어버렸습니다. 그래서 이듬해 여름에도 그다지 좋은 꽃을 보지 못했습니다. 수국 전지에 온 정성을 쏟은 다음 해는 수국이 풍성하고 황홀하게 잘 피었습니다.

　수국은 꽃눈이 10~11월경 생기는데 이듬해 좋은 꽃을 보려면 이 꽃눈을 잘 보존해야 합니다. 수국은 구지개화(舊枝開花)로 한해 묵은 가지에서 돋은 새 가지가 두 마디 자란 위치에서 꽃이 달립니다. 따라서 수국은 꽃이 지고 나면 바로 전지(剪枝)해 주어야 합니다. 수형을 바로 잡는다고 늦가을이나 이른 봄에 전지를 하면서 꽃눈을 잘라버리기라도 하면 아무리 정성을 들여도 수국꽃은 볼 수 없습니다. 반면에 신지개화(新枝開花)인 나무수국은 늦가을이나 이른 봄에 전지를 해도 됩니다.

나무수국 '바닐라 프레이즈'

전 세계 수많은 수국 속 품종 중 최근에는 산수국을 개량한 원예종 산수국, 1957년 미국에서 들어온 '애나벨', 네덜란드에서 온 나무수국 '라임라이트', 별수국 등이 식물 애호가들의 사랑을 받고 있습니다. 오늘도 시원한 6월을 수국과 함께 하기 위해 개구리연못 주변에 수국을 심습니다.

참선하는 화중지우(花中之友)

살아오면서 여러분은 진정한 벗이 몇이나 되시나요? 되돌아 보면 여러 벗이 있었지만 지금도 끈끈하게 연을 맺고 있는 벗은 몇 명 되지 않은 것 같습니다. 나는 좋은 벗이라 생각해도 상대방은 어떻게 생각할지? 이참에 배신도 하지 않고 비위를 맞추지 않아도 때가 되면 환한 웃음으로 다가오는 자연 속의 꽃을 벗으로 사귀어 보는 것은 어떨까요?

송나라 문인 증조(曾慥)는 꽃 가운데서 열 명의 벗과 사귀었습니다. 벗 중에 방우(芳友)는 난(蘭)이요, 청우(淸友)는 매(梅)요, 기우(奇友)는 납매(臘梅)요, 수우(殊友)는 서향(瑞香)이요, 정우(淨友)는 연(蓮)이요, 선우(禪友)는 담복(薝蔔)이요, 가우(佳友)는 국(菊)이요, 선우(仙友)는 암계(巖桂)요, 명우(名友)는 해당(海棠)이요, 운우(韻友)는 도미(荼蘼)라고 하였습니다. 여기에 한 벗을 더해 옥우(玉友)로서 술을 들었습니다. 화중십우(花中十友)라. 참 좋은 벗을 많이도 사귀었습니다.

향기가 나는 벗은 난이요, 맑고 욕심이 없는 벗은 매화요, 기이하고 별난 벗은 납매요, 남나르게 향기가 빼어난 벗은 서향이요, 깨끗하고 청렴한 벗은 연이라. 하하 기이한 벗 납매를 아세요? '매'라는 이름이 붙었지만 매화와 같은 과는 아닙니다. 납매는 12월에 벌써 꽃을 피웁니다. 그러니 기이할 수밖에요. 서향은 상서로운 향기가 나는 꽃으로 천리향이라고도 합니다.

납매(臘梅)　　　　　　　금목서 (만리향)

　참선하는 벗은 담복이요, 아름다운 벗은 국화요, 신선과 같은 벗은 암계요, 유명한 벗은 해당이요, 여운을 남기는 벗은 도미라 하였습니다.

치자꽃

국화와 해당은 알 것이요, 암계는 목서로 만리향이요, 도미는 들장미요, 담복(薝蔔)은 뭘까요? 바로 치자(梔子)입니다. 치자라는 이름은 치자의 열매가 고대 중국의 술잔인 치(卮)를 닮아서 얻은 이름이고, 담복(薝蔔)은 치자를 불교에서 부르는 이름입니다. 증조가 치자를 참선하는 벗이라고 한 것은 불경 유마경(維摩經)에서 "담복 숲에 들어가면 다만 담복의 향기만 맡을 수 있을 뿐 다른 향기는 맡을 수 없다."라고 한 것에서 따온 것입니다.

여러분은 벗 중에 참선하는 향기, 공덕의 향기를 가진 벗이 있으세요? 자연에서 벗을 얻으면 치자뿐 아니라 계절마다 참으로 다양한 향기를 가진 벗을 사귈 수 있습니다. 1월 동백, 2월 수선, 3월 매화, 4월 모란, 5월 장미, 6월 수국과 치자, 7월 배롱, 8월 근화(槿花), 9월 국화, 10월 목서라. 해마다 기다리는 화우(花友)가 있어 행복합니다.

강희안은 『양화소록』에서 치자는 네 가지 아름다움이 있다고 했습니다. 꽃 색깔이 희고 윤기가 나는 것이 첫째요, 꽃향기가 맑고 풍부한 것이 둘째요, 겨울에도 잎이 변하지 않는 것이 셋째요, 열매로 노랗게 물들이는 것이 넷째라고 하였습니다. 그 화려한 봄꽃들이 하나둘 다 사그라지고 푸름이 신록으로 짙어가는 초여름 학교 정원을 온통 향기로 채우는 새하얀 치자꽃이 시원함을 더합니다.

어린 시절 저는 베틀 아래에서 자랐습니다. 제가 본 어머니는 늘 길쌈을 하고 계셨습니다. 질 좋은 삼베를 생산해 시장에서 좋은 값을 받았다고 항상 우리에게 자랑하셨죠. 노랗게 물든 삼베. 삼을 키우고, 찌고, 삼고, 매고, 짜서 드디어 삼베 옷감이 나오면 마지막으로 치자로 노랗게 물을 들입니다. 그 치자라는 것이 나에겐 참으로 신비한 열매였습니다. 나무도, 꽃도 보지 못했지만 요상하게 생긴 것이 삼베를 물들이는 것이 참으로 신기했습니다.

치자 열매

10여 년 전 운동을 하다 발목을 삐었습니다. 깁스도 하고 침도 맞았습니다. 깁스는 출근을 위해 매일 왕복 2시간을 운전해야 하는 저로서는 참 귀찮은 존재였습니다. 깁스를 빼버리고 출근을 했습니다. 그러니 삔 발과 발목이 좀처럼 낫지 않았습니다. 발은 부어 있고 멍들어 있었습니다. 누군가가 치자가 밀목 삔 데 좋다고 했습니다. 치자물을 내어 밀가루와 섞어 삔 부위를 덮고 비닐로 감았습니다. 다음 날 아침에 보니 밀가루에 퍼렇게 멍이 묻어 나왔습니다. 몇 번을 더해 발목은 한층 부드러워졌습니다. 치자는 참 재주가 많습니다. 어혈도 풀고, 염증도 제거하고 차로 마시면 불면증 해소에도 도움이 됩니다.

그래서 정약용은 귀양 살던 다산초당의 주인인 윤단(尹慱)의 손자이자 자신의 제자였던 윤종억에게 보낸 편지에서 선비가 그다지 천하지 않게 돈을 버는 방법으로 "치자는 약에도 넣고 염료로도 쓰이니 아무리 많아도 팔리지 않을 걱정은 없다"라고 하면서 치자 농사를 지을 것을 권했습니다.

꽃도 좋고, 향기도 좋고, 몸에도 좋은 치자를 화중지우(花中之友)로 사귀는 것은 어떠한지요?

큰금계국 생태교란 식물인가

　오늘은 국화과 식물입니다. 가을도 아닌데 무슨 국화과 식물? 가을이 아니어도 국화과 식물은 봄에도 피고, 여름에도 핍니다. 민들레, 씀바귀, 백일홍, 다알리아, 코스모스, 금계국 등. 모두 피는 시기는 달라도 국화과 식물입니다. 서로 사촌, 육촌, 팔촌들로 국화과 집안이죠. 난초과가 가장 진화한 식물로 3만여 종 된다면 국화과는 두 번째로 2만여 종이나 됩니다.

　그럼 진화된 국화과 식물의 꽃의 특징을 한 번 살펴볼까요? 국화과 꽃 중에 백일홍이나 금계국을 생각하면서 이야기하겠습니다. 오늘의 주제가 큰금계국이니 금계국으로 할까요? 꽃은 헛꽃인 설상화(舌狀花)와 참꽃인 관상화(管狀花)로 되어 있습니다. 세어보니 금계국은 혀(舌) 모양의 가짜 꽃잎 8개가 사방으로 붙어 있습니다. 그리고 혀 모양의 꽃 가운데는 수십 개의 관으로 된 통꽃(관상화)이 있습니다. 이 통꽃이 진짜 꽃입니다. 이 통꽃에 암술과 수술이 있으며 이곳에서 수정이 이루어지고 씨앗이 생깁니다. 혀 모양의 설상화는 화려한 만큼 벌과 나비를 유혹하기 위한 가짜 꽃입니다. 종종 아이들이 백일홍에서 헛꽃과 참꽃 중 어느 것이 꽃인지를 물어옵니다. 둘 다 꽃입니다. 말 그대로 혀 모양의 꽃은 가짜 꽃이요, 관 모양의 꽃은 진짜 꽃입니다.

　북아메리카가 고향인 금계국(金鷄菊). 이 꽃은 아예 국화라는 이름을 달고 있군요. 꽃의 색깔이 황금색 볏을 가진 관상용 닭 금계(金鷄)를 닮았다고 금계국이란 이름을 얻었습니다. 6~7월에 피는 노란 물결의 국화인 거죠. 그런데 사실 우리가 금계국으로 알고 있는 대부분은 큰금계국입니다. 큰금계국, 금계국보다 뭐가 크다는 이야긴데. 꽃이 크고, 키도 큽니다. 보통 금계국은 60cm 정도 자라지만 큰금계국은 1m까지 자랍니다. 그리고 결정적인 차이점은 금계국은 통꽃 주변에 자갈색 또는 흑자색 무늬가 있으나, 큰금계국은 통꽃 주변에 아무런 무늬가 없습니다. 큰금계국은 나대지나 공터 등 비교적 척박한 땅에서는 적당한 크기로 자라지만 조금이라도 비옥한 땅에서는 키가 1m 이상 자라 잘 넘어져 학교 화단에 키우기는 적합하지 않습니다.

금계국   큰금계국

또 하나 금계국과 큰금계국과의 차이점은 금계국은 한두해살이식물이고, 큰금계국은 여러해살이입니다. 문제는 금계국은 번식력이 그렇게 왕성하지는 않으나 큰금계국은 뿌리와 씨앗으로 동시에 번식하기 때문에 강한 생존력을 가지고 있습니다. 따라서 본래 살고 있던 우리의 특산식물이나 토종식물의 자리를 빼

앗는다는 것입니다. 이런 이유로 일본에서는 2006년부터 '특정외래생물'로 지정해 허가 없이 심을 경우 3년 이하의 징역 또는 300만엔 이하의 벌금에 처하도록 규정하고 있습니다.

우리나라에서도 '야생생물 보호 및 관리에 관한 법률'에 의거 환경부에서 생태계교란 외래동식물을 관리하고 있습니다. 일부 언론에서는 큰금계국을 하루빨리 생태계교란식물로 지정해 더 이상의 번식을 막아야 한다고 주장하고 있습니다.

문제는 종묘상이나 일반인들이 금계국과 큰금계국을 잘 구분하지 못해 큰금계국을 금계국으로 잘못 알고 무분별하게 유통시키거나 심는다는 것입니다.

반면에 다른 주장을 하는 분들도 있습니다. 야사모(야생화를 사랑하는 모임)는 큰금계국의 생태계교란식물 지정과 관련하여 자료를 수집하고 조사를 계속해오고 있습니다.

연구 결과 아직은 생태교란식물이 아니라는 것입니다. 줄기뿌리가 있기는 하나 그렇게 길지 않고, 씨앗도 민들레나 서양금혼초(개민들레)처럼 바람을 이용하는 풍매화가 아니기 때문에 광범위하게 자연번식을 하지는 않는다는 것입니다. 다만 건조에 매우 강하기 때문에 다른 식물들은 가뭄에 고사(枯死)하지만 큰금계국은 잘 버틴다고 합니다.

여러분은 어떻게 생각하세요? 고속도로변, 강변, 축제장 등에서 보는 큰금계국이 예쁘기만 하세요? 아니면 너무 많아 징그러우세요? 여러분이 알고 있는 금계국, 큰금계국이 그 악명 높은 가시박이나 돼지풀처럼 우리 모두에게 천대받는 그런 때가 올까요? 제주도의 도로가나 공터를 무자비하게 장악한 서양금혼초처럼 큰금계국도 예쁘기만 하지만 언젠가는 생태교란 식물이 될지도 모릅니다.

서양금혼초 (개민들레)

소리쟁이의 반란

　욕쟁이는 욕을 잘하고, 멋쟁이는 멋을 잘 내고, 소리쟁이는 소리를 잘 낸다는 이야긴데. 소리쟁이는 정말 소리를 잘 낼까요? 소리쟁이의 소리를 들어보신 적이 있나요? 맞습니다. 소리쟁이는 소리를 잘 내는 식물입니다. 요즘은 사람들이 자기를 알아주지 않으니 더 큰 소리를 냅니다.

　소리쟁이는 어디에서 소리를 낼까요? 열매에서 낼까요? 꽃에서 낼까요? 줄기나 잎에서 낼까요? 정답은 열매에서 소리를 냅니다. 열매가 익으면 바람에 흔들려 소리를 냅니다.

　이 소리쟁이가 태화강에서 반란을 일으켰습니다. 강가에 자라던 소리쟁이가 아예 강 속으로 들어가 버렸습니다. 사진을 찍기 위해 징검다리를 건너 강 속 뭍으로 갔습니다. 일종의 하중도(河中島)입니다. 저 멀리 선바위가 사진 속에 보입니다. 선바위 보 어도 사이 하중도에 사람 키보다도 훨씬 큰 소리쟁이들이 무섭도록 자라고 있습니다. 물냉이도, 환삼덩굴도 자랍니다. 물속에 뿌리를 내리고 자라는 소리쟁이도 있습니다.

　한때 벌겋게 익은 소리쟁이 열매를 보고 저렇게 형편없는 식물이 또 이 세상에 있을까? 익은 열매가 마치 제초제를 쳐서 말라죽은 것처럼 보기가 흉합니다. 그렇다고 꽃이 예쁜 것도 아닙니다. 이 친구는 꽃색이 녹색으로 잎의 색깔과 같습니다. 그러니 꽃이 꽃으로 보이지 않습니다. 꽃색이 녹색인 꽃을 한번 떠

올려 보십시오. 찾기가 쉽지 않을 것입니다.

소리쟁이

소리쟁이를 알고 찾아다니니 이만큼이나 흔한 식물이 또 있을까요? 공해에 강한 식물이다 보니 길가에도 소리쟁이, 담장 밑에도 소리쟁이, 강가에도 소리쟁이, 도롯가에도 소리쟁이 온 천지가 소리쟁이입니다.

태화강에 하도 많아 이 글을 쓰기 위해 소리쟁이 공부를 시작했습니다. 동의보감에는 소리쟁이를 패독채(敗毒菜)라 하여 민간에서 긴히 쓰이는 약초로 나와 있습니다. 항염 작용이 뛰어나 무좀, 습진, 피부염 환자들에게 소리쟁이로 만든 연고를 사용했다고 합니다. 오래 먹으면 장이 깨끗해지고 피가 맑아지며 살결이 고와진다고 합니다.

소리쟁이는 우리 주변에서 이렇게 흔하게 볼 수 있는 잡초지만 옛날에는 서민에서 사대부 식탁에까지 즐겨 올랐던 나물이었습니다. 약용으로도 일반대중에서 최고의 권력자까지 두루 사용했던 보물 같은 식물이었다고 합니다. 추사 김정희도 부인에게 보낸 편지를 보면 제주 유배시절 소리쟁이를 먹고 고난의 세월을 이겨냈습니다. 그러나 소리쟁이를 과용하면 구토나 설사를 한다고 합니다. 이렇게 대접받던 식물이 최근에 와서 천대를 받으니 반란을 일으킨 것 같습니다.

소리쟁이와 사촌쯤 되는 '수영'이라는 식물이 있습니다. 소리쟁이가 물을 좋아해서 습지나 강가에 주로 자라는 반면 수영은 소리쟁이와 모양은 비슷하지만 습기가 비교적 적은 밭둑이나 산자락으로 가야 볼 수 있습니다. 소리쟁이는 싱거운 맛이지만 수영과 애기수영은 신맛이 나고, 소리쟁이는 곧은 뿌리를 갖고 있지만 수영은 수염뿌리를 갖고 있습니다. 그리고 수영은 고들빼기처럼 줄기 윗부분 잎이 줄기를 감싸고 있습니다.

수영은 류마티스성 관절염에 특별한 효험이 있으며 맛이 싱아와 비슷해서 개싱아라 부릅니다. 소설가 박완서의 작품 중에 <그 많던 싱아는 누가 다 먹었을까>라는 작품이 있습니다. 실제 '박완서 선생이 어릴 때 먹은 싱아가 수영이었을 것이다'라고 말하는 사람도 있습니다.

태화강변에서 수영을 찾다가 제주도로 날아갔습니다. 중산간 도로를 오르니 얼마 되지 않아 도롯가에 수영이 보이기 시작했습니다. 벌써 제주는 수영이 도로면을 점령하고 있었습니다. 조금 더 오르니 어느 목장 입구엔 수영이 애기수영을 거느리고 있고 목장 안쪽엔 애기수영이 목장을 여기저기 차지해 붉게 물들고 있었습니다. 한라생태숲에도 여지없이 수영과 애기수영이 들어와 있었습니다.

| 수영 | 애기수영 |

 강변을 걷고 계십니까? 주변을 둘러보십시오. 소리쟁이가 보일 것입니다. 아니면 제주를 여행하고 계십니까? 도롯가에 노란 개민들레와 수영이 한데 어울린 모습이 차창 밖으로 보일 것입니다. 소리쟁이 식구들이 나물과 약용으로 우리에게 사랑받을 날을 생각해 봅니다.

차군(此君)과 연화(蓮花)는 어울릴까요?

오늘은 보지도 듣지도 못한 책 한 권 소개하겠습니다.

『이아(爾雅)』. 이아는 책이름입니다. 진나라 때 처음 편찬된 책입니다. 강희안이 『양화소록(養花小錄)』을 쓸 때 이 책을 참고했습니다.

여기에 연(蓮)을 일러 "뿌리는 우(藕)이고, 밑동은 밀(蔤)이고, 줄기는 가(茄)이고, 잎은 하(蕸)이고, 꽃은 함담(菡萏)이고, 열매는 연(蓮)이고, 씨는 적(的)이고 씨의 한가운데가 의(薏)이며 꽃을 가리키는 함담은 꽃이 피기 전의 봉오리를 지칭하고, 꽃이 피고 나면 부용(芙蓉), 부거(芙蕖)라고 부른다."고 하였습니다.

어라! 부위별로 이름을 얻었네. 연(蓮)은 왜 다른 꽃과 달리 이렇게 상세한 이름을 얻었을까요?

송나라 주돈이(周濂溪 1017~1073)는 그의 〈애련설(愛蓮說)〉에서 연(蓮)을 "내가 홀로 연꽃을 사랑하노니 더러운 진흙탕에서 자라시만 깨끗함을 유지하고, 맑은 물에 씻겼으나 요염하지 않고, 속은 비고 바깥은 곧으며 가지가 벌어지지 아니하고, 향기는 멀리 퍼져나갈수록 더욱 맑고, 멀리서 바라볼 수는 있으나 가까이 두고 즐길 수는 없다."라고 하였습니다.

그래서 주돈이는 연을 군자의 꽃이라 하였습니다. 연꽃과 군자라. 어울리나요. 군자가 성품과 학식이 고상하다면 연은 화품이 고결하고 신성하다는 뜻일까요? 군자나 연의 품격을 가히 속인이 논할 수는 있을까요? 아직 저는 멀리 퍼져나가는 맑은 연의 향기를 맡아보지 못했습니다. 달빛 속에 연의 고결한 모습을 보고 맑은 향기에 취한다면 저도 연을 사랑할 것 같습니다. 지금은 다만 경외의 대상이죠.

18세기 문신 김종후(金鍾厚 1721~1780)는 한 발 더 나갑니다. 연꽃이 사랑의 대상이 아니라 공경의 대상이라는 것입니다. 사랑과 공경은 다른가요? 사랑하면 공경할 수 있는 것인가요? 공경하면 사랑할 수 있는 것인가요? 사랑의 상위개념이 공경인가요?

백연

왕휘지(王羲之)는 대나무를 높여 자네라는 뜻으로 차군(此君)이라 불렀고, 도연명(陶淵明)은 논에서 출렁거리는 물소리를 듣고 마음을 깨끗이 할 수 있어 스승으로 삼을 만하다 하였으며,

북송시대 서예가 미불(米芾)은 높은 바위를 보고 존경심이 일어 절을 하였습니다. 이러한 예를 들면서 김종후는 연꽃을 공경의 대상으로 삼는다고 하였습니다. 선비들은 연꽃을 수양의 매개물로 삼았습니다. 누추하고 비천한 환경에서도 스스로를 고결하게 지켜야 함을 배우고자 연꽃을 심었습니다.

송나라 증조(曾慥)가 열 가지 꽃을 벗으로 삼고 그중 연꽃을 깨끗한 벗 정우(淨友)라고 칭하게 되면서, 태화루의 중수기를 쓴 서거정, 퇴계 이황 등 조선의 선비들이 너도나도 정우당(淨友堂)이나 정우정(淨友亭)을 짓고 연꽃과 벗하고자 하였습니다.

17세기 문신이자 성리학자였던 김수증(金壽增 1624~1701)이 부여 석성현감(石城縣監)으로 있을 때, 같이 공부했던 유계(俞棨 1607~1664)와 송시열(宋時烈 1607~1689)이 찾아와 현(縣)의 객사 정원인 연지 속 정우정(淨友亭)에서 우정을 나누었고, 유계는 정우정기(淨友亭記)를 남겼습니다. "군자의 벗은 그 덕을 벗한다. 뜻을 같이하는 이가 벗이요, 도를 함께 하는 이가 벗이다. 곧으면 벗하고 믿음직하면 벗하며, 자기보다 나으면 벗한다. 꽃 중에 한 가지 덕이라도 취할 만한 것이 있으면 그 향기를 맡고 그 맛과 냄새를 함께 하지 않은 적이 없었다. 그래서 굴원의 난초와 왕휘지의 대나무, 도연명의 국화, 임포의 매화가 모두 이러한 식물이었다. 마음에 통하고 뜻에 들어맞았으니, 나란히 말을 나누거나, 아교처럼 끈끈한 정이 있어 뜻이 합하고 정신이 융화되며 정기가 서로 통하여 사람이 식물이 되고 식물이 사람이 되며, 저것이 내가 아니고 내가 저것이 아니라는 것조차 알지 못하여 절대 구분할 수 없게 된다. 연꽃은 식물 중에 군자의 덕을 가장 잘 갖추고 있어 주렴계 선생부터 깊이 사랑하고 드러내어 칭송하였으니, 세상에서 연꽃을 사랑하는 이가 더욱 많아졌다." 사람과 식물이 서로 통하여 사람이 식물이 되고 식물이 사람이 되는 경지를 배우고 싶습니다.

　최근 들어 전국의 많은 지자체에서 연을 심고 연꽃 축제를 열어 시민들에게 힐링의 공간을 제공하고 있습니다. 아마 힐링과 함께 부처님의 자비와 지혜도 널리 퍼지겠지요.

　울산도 회야강 생태습지에 연을 심어 시민들에게 일 년에 한 달간 문을 열고 있습니다. 태화강대공원은 어떤가요? 왕희지의 벗 차군(此君)이 십리에 걸쳐 도열해 찾아오는 이들에게 음이온을 선물하며 청량감을 주고, 열녀강 주변엔 부용아씨와 자미화(배롱나무)가 한여름의 더위를 식혀 줍니다. 여기 열녀강에 주돈이의 사랑, 증조의 벗 정우(蓮)를 들이는 것은 어떤가요? 차군(此君)과 자미화, 연과 부용. 한여름 울산 시민들에게 좋은 벗들이 너무 많이 생기는 것일까요?

　　　수련　　　　　　　　노랑어리연꽃

나무에 피는 연꽃과 난초

나무에 연꽃이 피면 무슨 꽃이 될까요?

나무 위에 연꽃이 핀다? 혹시 그런 꽃 보셨나요? 머지않아 실컷 보시게 될 것입니다.

나무에 연(蓮)꽃이 피면 목련(木蓮)입니다. 그런데 "목련" 하면 여러분은 어떤 꽃이 머리에 떠오르나요? '목련꽃 그늘 아래서 베르테르의 편질 읽노라.' 백옥같이 흰 그 꽃. 학교에도, 정원에도, 이웃집 담장 너머에도 한 그루쯤은 있는 그 백목련을 생각하나요? 그렇다면 여러분은 목련을 잘못 알고 계시는 것입니다.

여러분이 알고 계시는 목련은 우리나라 한라산이 고향인 진짜 목련(마그놀리아 코부스 *Magnolia kobus*)이 아니라 중국이 원산지인 백목련(마그놀리아 데누다타 *Magnolia denudata*)을 생각하고 계신 것입니다.

진짜 목련은 제주도 한라산 해발 1800m 개미목 부근에 자생하고 있어 '제주목련'이라 부르기도 합니다. 토종 제주목련은 꽃잎이 좁고 완전히 뒤로 젖혀져서 활짝 피는 반면 백목련은 꽃잎이 넓고 완전히 피어도 반쯤 벌어진 상태로 있습니다. 제주목련은 꽃이 팔랑개비처럼 벌어지며 향기도 진합니다.

중국에서 온 백목련과 자목련은 주변에서 흔하게 볼 수 있는 반면 우리 토종 목련은 찾아보기 쉽지 않습니다.

이수광(李晬光 1563~1628)은 그가 지은 지봉유설(芝峯類說)에서 '순천 선암사에 나무가 있다. 그것을 북향화(北向花)라고 한다. 그 꽃은 자줏빛이고 피기만 하면 반드시 북쪽을 향한다.'라고 하였으며, 김시습(金時習 1435~1493)은 그의 시에서 목련을 살결이 빙설(氷雪)같이 흰 선녀 고야선자(姑射仙子)라 했습니다. '잎은 감잎 같고 꽃은 흰 연꽃 같다.'라고 하였습니다. 천상에서 절간으로 귀양 온 행각승(行脚僧)이라 했습니다.

이수광이 말한 북향화는 자목련이요, 김시습이 말한 고야선자는 백목련으로 보입니다. 자목련과 백목련은 비록 원산지가 중국이지만 일찍이 이 땅에 들어와 한반도에 널리 퍼져 우리 선조들의 시정(詩情)을 자극한 것으로 보입니다.

그러나 우리 토종 목련은 우리나라뿐 아니라 일본에서도 동일종이 자생합니다. 목련 학명의 종소명 코부스(*kobus*)는 목련의 일본명인 코부시(コブシ)에서 유래합니다. 일본에 자생하는 목련을 근거로 학명을 붙였기 때문입니다.

목련의 재배품종은 아직 보급이 미흡한 편입니다. 하지만 뒤로 젖혀지는 꽃잎의 모습이 마치 우리 한민족의 춤사위를 닮아 너무나 아름답습니다. 목련은 품종개량의 가능성과 상품성이 무한합니다. 목련의 재배품종을 제대로 보려면 봄날 충남 태안에 있는 고 민병갈(Carl Ferris Miller) 선생이 만드신 천리포수목원을 찾아가시면 됩니다. 매년 봄 4월이면 목련축제를 여는데, 세계 곳곳에서 모은 871종의 목련을 만나볼 수 있습니다.

목련 (제주목련)   백목련

　나무에 연꽃이 피는 나무가 목련이라면 나무에 향기가 진한 난초가 핀다면 무슨 나무가 될까요? 이 나무는 함경도를 제외한 우리나라 전국의 깊은 산중에 자생합니다. 꽃 모양이 함지박을 닮아 함박꽃나무(마그놀리아 시에볼디 *Magnolia sieboldii*)라고 합니다. 산에 자라는 목련이라 산목련이라 부르기도 합니다.

　백옥같이 희고 깨끗한 꽃, 고고하고 아름다운 자태, 살포시 고개 숙인 겸손, 맑고 은은한 향기.

　김일성 주석은 평양 창덕학교 재학시절인 1924년 수학여행을 갔던 황해도 정방산에서 이 꽃을 발견하고 큰 감명을 받았다고 합니다. 이후 김일성은 정권을 잡은 후 1964년에 다시 이 꽃을 찾았다고 합니다. "동무 이 꽃 생김새가 꼭 우리 민족을 닮았어야. 이름을 목난(木蘭)이라 부르고 우리 조선의 나라꽃으로 삼았으면 좋겠구만."

지금도 북한의 국화를 진달래로 알고 계시지는 않겠지요. 북한의 국화는 김일성이 반한 바로 이 꽃. 목난입니다. 이 꽃을 북한은 1991년 4월 10일 정식 국화로 지정하게 됩니다.

함박꽃나무

한방에서는 목련을 신이(辛夷)라고 합니다. 꽃이 피기 전 목련의 꽃봉오리는 보송보송한 회백색 잔털로 둘러싸여 있고 두툼합니다. 신이(辛夷)의 이(夷)는 띠의 어린 싹을 뜻하는 제(荑)에서 왔다고 합니다. 꽃봉오리가 처음 돋아날 때의 모습이 마치 띠의 싹과 같고 그 맛이 매워서 '신이'라는 이름을 얻었습니다. 이 꽃봉오리는 코가 메거나 콧물이 흐르는 것을 낫게 하는 등 다양한 약효가 있습니다.

삼호 철새 공원의 백목련, 석굴암길 백목련과 자목련. 이후락 생가의 제주목련이 가슴 설레게 기다려집니다. 그리고 올해는 여름이 오기 전 서둘러 운문산 상원암 내림길에 살고 있는 함박꽃

나무(목난) 군락지를 만나러 가야겠습니다.

신령을 부르는 초령목　　　　　　　　황목련

나무에 피는 연꽃과 난초　　109

밤마다 사랑을 나누는 나무

주위에 어둠이 찾아오면 꽃술은 찬란한 춤사위를 멈추고 사랑을 시작합니다. 수술이 암술에 사랑의 꽃가루를 뿌리면 이 순간 나무의 이파리들은 서로를 부둥켜안고 사랑의 열기를 온몸으로 느낍니다.

밤이면 잎이 오므라들어 서로를 포옹한다고 해서 야합화(野合花), 야합수(夜合樹), 합환수(合歡樹), 애정목(愛情木) 등으로 부르며, 예전에는 부부(夫婦) 금슬(琴瑟)을 위해 이 나무를 집안에 심었습니다. 무슨 나무일까요?

야합(野合). 야합이란 말 들어 보셨는지요? 사전을 찾으니 뜻이 두 개입니다. 하나는 좋지 못한 목적 아래 서로 어울리는 것이요. 다른 하나는 서로 정을 통한다는 뜻입니다.

밤에 마주 보는 잎과 포옹하고 있는 자귀나무

정도를 걷지 않고 합치는 것을 가리키는 이 말은 사마천(司馬遷)의 사기(史記)에 나옵니다. 공자의 아버지 숙량흘(叔梁紇)은 나이가 50세나 차이 나는 안징재(顔徵在)라는 처녀와 혼인도 하지 않고 훌쩍 동거하여 공자를 낳았습니다. 사마천은 이를 야합(野合)이란 말로 표현했습니다.

야합이란 원래 부부가 아닌 남녀가 밤에 들판에서 서로 정을 통한다는 뜻입니다. 이 나무가 밤에 마주 보는 잎과 서로 포옹하는 것을 야합으로 본 것입니다. 옆도 아니고 뒤도 아니고 앞에 마주 보는 이파리와 서로 포옹했다고 야합화(野合花)라 불린 것은 자귀나무로선 좀 억울한 일입니다.

중국에서는 합환수(合歡樹)요, 북한에서는 야합수(夜合樹)입니다. 합환이란 '포옹의 기쁨'이란 뜻입니다.

무슨 나무일까요?

자귀나무입니다. 자귀나무.

2009년 7월 3일로 기억합니다. 우리는 추령(楸嶺)을 넘고 있었습니다. 추령은 양남에서 경주로 넘어가는 고개입니다. 소낙비가 억수로 퍼붓다 날이 개었습니다. 차창 너머엔 자귀나무꽃이 마치 열대지방에 온 것처럼 낯설고 화려하게 피어 빛났습니다. 그 화려함이 우리 산야에 어울리지 않을 것 같지만 사실 자귀나무는 오래전부터 이 땅에 자리 잡고 살아온 우리 나무입니다.

그 화려한 자귀나무. '자귀'란 말은 어디에서 왔을까요? 나는 어릴 때부터 '짜구', '자구'란 말은 익히 들어와 귀에 익숙합니다. 나무 깎는 연장인 '자귀'를 어린 시절 우리는 '짜구'라

밤마다 사랑을 나누는 나무   111

고 불렀습니다. 자귀나무로 '자귀'의 손잡이인 자귓대를 만들었다고 자귀나무라고 불렀다고 합니다.

또 다른 설은 자귀나무가 밤에 잎이 오므라져 잠을 자는 모습이 마치 귀신 같다고 하여 '자귀나무'라고 했다고 합니다. 이런 설도 있습니다. 순우리말 '짝'과 관련 짝나무 - 짜기나무 - 자귀나무로 변천했다는 것입니다. 이 밖에도 여러 설이 있지만 '자귀'라는 말이 한자가 아니고 우리말인 것은 분명해 보입니다.

중국 『박물지(博物志)』에 자귀나무를 '합환수지계정사지불노(合歡樹之階庭使之不怒)'라 하고, 진(晋)나라 최표(崔豹)의 『고금주(古今注)』에는 '합환즉망념(合歡則忘念)'이라 하였습니다. 이는 자귀나무는 사람의 화를 가라앉히고 기분을 좋게 한다는 뜻입니다.

옛날 중국에 두고(杜羔)라는 사람에게 현처 조씨 부인이 있었다고 합니다. 부인은 매년 자귀나무의 꽃을 따다 말려서 베개 속에 넣어두고 남편이 화를 내거나 심기가 불편할 때 조금씩 꺼내어 술에 타 마시게 했다고 합니다. 술을 마신 남편은 마음이 평온해지고 부드러워져 부부 사이가 좋아졌다고 합니다. 실제로 자귀나무는 정신을 안정시키고 기의 순환을 조절하여 맥을 잘 통하게 하는 성질이 있어 우울증과 건망증의 영약으로도 잘 알려져 있습니다.

자귀나무꽃을 보면 사람들은 광섬유나 공작새의 꼬리깃을 떠올린다고 합니다. 사실 광섬유나 공작새의 꼬리깃으로 보이는 것은 꽃잎이 아니라 꽃가루를 만드는 꽃술입니다. 잎이 가장 늦게 나기로도 유명한 자귀나무. 우리는 어릴 때 이 나무를 소쌀밥나무라고 불렀습니다. 소가 좋아하여 부드러운 자귀나무 잎을 보면 잘라서 꼴망태에 집어넣었습니다.

우리나라에는 자귀나무뿐 아니라 잎이 더 크고 흰 꽃이 피는 왕자귀나무도 살고 있습니다. 한국 특산종으로 제주도, 전남 흑산도, 전북 어청도에서 볼 수 있습니다.

예식을 마치고 재빨리 개울가의 자귀나무를 찾았습니다. 꽃이 핀 가지를 당겨 코에 대었습니다. 향기가 진합니다. 바람이 살짝 지나가니 향기가 코끝을 스칩니다. 매화 향기 같기도 하고 치자 향기 같기도 합니다.

자귀나무 　　　　　　　　　왕자귀나무

밤마다 사랑을 나누는 나무

조세핀이 사랑한 꽃

꽃 중의 꽃, 화왕(花王).

무슨 꽃인지 아시지요? 우리는 모란을 화왕이라 합니다. 여러분도 모란이 화왕이라 생각하시나요? 아름답고, 화려하고, 빼어난 모란. 그러나 화무십일홍(花無十日紅)이라 했던가요? 언제 피었는가 하면 사라져 버리니. 화왕이 될 수 있을까요?

아름답고 화려한 꽃 중에 여름에서 가을까지 정원을 시원하게 장식하는 진짜 화왕이 있습니다. 백일홍이라고요? 멕시코에서 백일홍과 함께 시집을 왔으나 백일홍은 아닙니다. 꽃이 매우 크고 우아하고 위엄이 있습니다.

고갱, 반 고흐가 그린 미술 작품에 자주 등장하는 꽃입니다.

멕시코의 국화이며 멕시코 아즈텍인들은 식용으로 이 꽃을 재배했습니다.

나폴레옹이 황제일 때 황후 조세핀은 정원에 여러 품종의 이 꽃을 심고 가꾸어 많은 귀족들을 정원으로 초대하여 파티를 열며 자랑을 했다고 합니다. 그리고 욕심이 많아 자기가 가꾸는 이 꽃을 절대로 남에게 주지 않았다고 합니다. 시녀 한 명도 이 꽃을 몹시 갖고 싶어 했으나 주지 않았다고 합니다. 시녀는 조세핀 몰래 정원사에게 부탁하여 이 꽃 한 포기를 빼돌려 자기 집에 심어 화려한 꽃을 피웠다고 합니다. 이 사실을 알게 된 조세핀은 하인이 심은 꽃이라 하여 이 꽃을 정원에서 모두 뽑아 버렸다고 합니다.

조세핀이 그처럼 독차지하려고 했던 이 꽃은 무엇일까요?

바로 우리나라엔 1910년대에 시집온 귀족의 꽃 다알리아(*Dahlia*)입니다.

국어사전은 꽃이름을 '달리아'라고 올려 놓고 있으나, 국가표준식물목록에 따른 국명은 '다알리아'로 정하여 식물명으로 쓰고 있습니다.

미소정원에 핀 다알리아

2012년 여름, 가족과 함께 계룡산 동학사를 찾았습니다. 계곡을 따라 오르는데 계곡 오른쪽으로 자리한 여러 암자 마당에 화려하고 당당하게 핀 다알리아가 내 가슴을 설레게 했습니다. 언젠가 나도 다알리아를 심어 한국에서 가장 아름다운 다알리아 정원을 만들어야지 했습니다.

드디어 기회가 왔습니다. 2016년 9월 태화초에 교장으로 부임하면서 2017년 봄 행복정원을 만들게 되었습니다. 그해 여름 여러 꽃집을 들락거리며 다알리아를 사 모았습니다. 또 인터넷 검색을 통해 다알리아 구근을 주문했습니다. 오래전 우리나라에 들여와 심어온 다알리아 구근도 구했습니다.

꽃의 크기에 따라 소형, 중형, 대형도 있고, 꽃색에 따라 보라색, 붉은색 등 여러 가지입니다. 소형은 월동이 되지만 대형은 가을에 구근을 캐 보관을 했습니다.

다알리아는 원예용으로 개발된 품종이 10,000여 종이 된다고 할 만큼 워낙 많아 장담할 순 없지만 '프로스트 닙(Frost Nip)'이란 품종으로 보이는 붉은 키 큰 다알리아는 참으로 장관이었습니다. '토마스 에디슨(Thomas Edison)'으로 불리는 보라색 다알리아도 지칠 줄 모르고 그 큰 꽃송이를 피워 냈습니다.

태화초 행복정원의 다알리아 '프로스트 닙'

태풍이 불어 쓰러질 때도 있었지만 늦가을까지 화려한 아름다움을 우리에게 선사했습니다. 다알리아 재배는 순자르기를 통한 높이 조절과 퇴비조절이 중요합니다. 올해도 키 큰 붉은 다알리아는 우리 학교의 정원을 붉게 물들이며 위풍당당한 자태를 뽐낼 것입니다.

멕시코 원산인 다알리아는 유럽인들의 아메리카 대륙 진출로 인해 세계적으로 퍼져나갔습니다. 영명이자 속명인 다알리아(*Dahlia*)의 기원은 이렇습니다. 1789년 멕시코의 식물원장 '세르반테스'로부터 다알리아 종자가 스페인 마드리드 왕립 식물원에 처음 도입되었을 때 식물원장 아베 카바닐루(Abbe cabanilles)라는 사람이 그 당시 스웨덴의 저명한 식물학자였던 안드레아 달(Andreas Dahl 1751~1789)이 30대의 젊은 나이에 죽자 그를 기념하기 위해 속명을 붙였다고 합니다.

다알리아 '토마스 에디슨'

우리가 흔히 부르는 꽃 이름 중에는 이렇듯 사람의 이름에서

조세핀이 사랑한 꽃

유래된 것이 더러 있습니다. 요즘 거리 조경에 많이 심어지는 베고니아(*Begonia*)는 식물학 연구 후원자이자 캐나다 총독이었던 미카엘 베곤(Michael Begon)을 기념해 명명했고, 거베라는 린네의 친구인 독일 식물학자 게르버(Gerber)를 기리기 위해 붙여졌으며, 7월의 한여름을 시원하게 해주는 루드베키아는 린네의 스승 루드벡(Rudbeck)을 기리기 위해 붙여진 이름입니다.

더 심한 것도 있습니다. 분류학의 아버지라 불리는 그 유명한 스웨덴의 식물학자 칼 폰 린네(Carl von Linne)는 자신이 발견한 식물명에 아예 자신의 이름을 붙여 린네풀(*Linnaea borealis* L.)의 학명을 만들어 냅니다. 학명을 한번 보시죠. 속명이 린네요. 명명자도 린네입니다. 명명자 'L.'은 린네의 약자입니다.

이렇게 식물학 선진국의 제국주의자들은 자신의 친구, 스승, 제자 등의 이름을 식물 속명에 올렸습니다. 그래서 우리는 식물을 보고 사람 이름을 부르고 있는 것입니다. 그 식물의 속성은 무시당한 채.

멕시코에서 '코콕소치틀(Cocoxochitl)'이라고 불리던 식물이 유럽으로 건너가 안드레아 달의 이름을 따 다알리아가 된 것입니다. 올해는 다알리아에 지지대를 잘 세워 화려하고 아름다운 다알리아를 오랫동안 보아야겠습니다.

'나으리'의 꽃 나리

나리꽃을 보셨습니까?

한여름 산야에서.

야생나리를 보신 적이 있으십니까?

화려하면서도 귀족적인 품격이 물씬 풍기는.

참나리를 보신 적이 있으십니까?

강가에서, 아니면 산에서, 들에서.

대부분의 야생화는 가까이 다가가 고개를 숙여야만 그 멋을 내어 줍니다.

하지만 나리는 화품(花品)이 워낙 고고하고 수려하여 멀리서도 눈에 확 띄어 자랑하지 않아도 사람들은 그 멋에 걸음을 멈춥니다.

한반도에 자생하는 나리는 몇 종이나 될까요? 한반도에서 자생하는 나리는 대략 17종으로 파악되고 있습니다. 그중에서도 개체 수가 가장 많고 전국 어디서나 쉽게 볼 수 있는 나리가 있습니다.

참나리입니다.

참나리

　꽃 중에서도 가장 으뜸이고 좋은 '나으리' 꽃이 나리이고, 나리 중에서 진짜 나리가 참나리이니, 참나리는 꽃 중에 꽃인 셈입니다. 참나리의 가장 큰 특징은 나리 중에서 유일하게 줄기와 잎 사이에 짙은 갈색의 주아(珠芽)가 있다는 것입니다. 참나리는 이 주아를 땅속에 심어 번식하거나 땅속 비늘줄기로 번식을 하는데 우리 행복정원에는 작년에 비해 올해 참나리의 줄기 수가 많이 늘었습니다.

　나리의 종류를 구분할 때 몇 가지 원칙이 있습니다. 예를 들면 하늘을 보고 꽃이 피면 하늘나리, 땅을 보고 꽃이 피면 땅나리, 중간쯤을 보고 꽃이 피면 중나리, 잎이 소나무 잎처럼 생겼으면 솔나리, 또 하나 잎이 돌려나기(輪生葉 윤생엽)를 하면 말나리라 부릅니다. 여기다가 꽃의 색에 따라 흰색이면 흰솔나리, 노랑색이면 노랑참나리, 노랑땅나리, 노랑털중나리 등으로 종류를 나눕니다. 이렇게 조합을 하면 거의 모든 나리 종류의 이름을 알 수 있습니다.

하늘나리

그 밖에도 지리산에 살면서 하늘말나리와 비슷하면 지리하늘말나리, 잎이 날개처럼 생긴 날개하늘나리, 울릉도에 자생하면 섬말나리, 꽃 무늬가 뻐꾸기 가슴 무늬를 닮은 뻐국나리, 꽃이 작은 애기나리 등도 있습니다. 아하 그러고 보니 종류는 다르지만 나리 나리 개나리. 나리에 접두어 '개'자가 붙은 개나리도 있군요.

그럼 백합과 나리는 어떻게 다를까요?

많은 사람들이 백합과 나리는 다른 종이라고 생각합니다. 하지만 백합과 나리는 같은 종을 두고 달리 부르는 이름입니다. 백합은 한자어이고 나리는 우리말입니다.

굳이 따진다면 산야에 사는 자생나리를 사람들의 눈과 마음을 즐겁게 하기 위해 색과 향을 더해 품종을 개량한 원예종을 사람들은 흔히 백합이라 부릅니다.

백합의 속명 릴리움(*Lilium*)은 그리스어 leirion에서 유래하는데, '흰색(으로 피는 꽃)'을 의미합니다. 우리가 쓰는 백합의 한자어는 흰백(白)자가 아니라 일백 백(百)자에 합할 합(合)자를 써서 백합(百合)이라 부릅니다. 백합의 구근을 비늘줄기(鱗莖)라 부르는데, 이 인경이 백 개의 인편(鱗片:비늘조각)으로 이루어져 있다고 하여 백합이라고 부릅니다.

백합은 인경에서 인편을 분리해서 번식시킬 수 있으며 인편 번식을 할 경우 구근 하나로 수십 개의 백합 구근을 만들어 대량 번식을 시킬 수 있습니다.

우리는 나리와 백합을 혼용해서 쓰기보다는 한자어인 백합을 버리고 순우리말인 나리로 통일해서 쓰는 것이 옳을 듯합니다.

울산 출신 심경구 무궁화 박사님께 전화를 드렸습니다. 박사님은 정년 퇴직 후 천안에서 '무궁화나리연구소'를 운영하고 있습니다. 박사님은 학성, 여천, 태화강 등 울산지명과 관련된 여러 무궁화 품종을 개발하시고, 또 릴 킴(Lil Kim)이라는 무궁화 품종을 개발하여 외국에서 로얄티를 받는 분이기도 합니다.

나리 연구에 대해 여쭈니 박사님이 하시던 연구를 경북대 농대로 넘겼다고 하셨습니다. 그러나 우리나라에서 향기 나는 노랑참나리, 향기 나는 솔나리나 땅나리 등을 국산화한다면 세계 시장에서 경쟁력이 충분히 있다고 하셨습니다. 한때 우리나라 하늘말나리 등 토종나리가 유럽에 반출, 신품종으로 개량되어 우리나라로 역수출되는 안타까운 일도 있지만 최근에는 원예연구소 등에서 국산 신품종을 활발히 육종하여 우리 원예농가에 큰 도움을 주고 있습니다.

올여름에는 말나리, 솔나리, 흰솔나리를 찾아 가지산을 꼭 올라야겠습니다.

솔나리 (흰색)　　　　　　　뻐꾹나리

부처님께 바친 꽃

시냇가에 피면 아름답습니다. 호숫가에 피어도 아름답습니다. 연못가에 피면 더 아름답습니다. 개구리 연못에는 수련도 피고, 창포와 꽃창포, 물양귀비도 피고, 물칸나, 물무궁화도 핍니다. 이곳에 어울려 피면 이 꽃은 더더욱 아름답습니다.

이 꽃은 물속에서도 잘 자라고, 물가에서도, 땅에서도 잘 자랍니다. 2017년 여름, 아내와 함께 홋카이도를 방문했습니다. 목적은 꽃 기행입니다. 첫날 간 곳이 아이누박물관이었습니다. 아내는 이곳저곳으로 가이드를 따라다녔지만 나는 단체에서 이탈해 호숫가를 거닐고 있었습니다. 포로토 호숫가입니다. 나의 관심은 오로지 '이곳에 어떤 식물들이 살고 있을까'였습니다. 호숫가에 피어 있는 이 꽃들이 얼마나 청초하고 아름다운지요.

홋카이도 포로토 호숫가의 부처꽃

부처꽃입니다. 부처꽃, 우리말 국명 부처꽃은 1937년 발간된 『조선식물향명집』에 최초로 등장합니다. 음력 7월 15일 백중날에 승려들이 불전에 제를 올리면서 부처님께 바쳤던 꽃이라 부처꽃이라는 이름을 얻었습니다. 백중날에 불전에 제를 올리는 것을 우란분절(盂蘭盆節) 또는 우란분재(盂蘭盆齋)라고 합니다. 이는 지옥이나 아귀의 세계에서 고통받고 있는 영혼을 구제하기 위해 공양을 베푸는 의식입니다. 부처꽃은 고통받는 영혼을 구제하는 데 바쳐진 꽃입니다.

부처꽃(*Lythrum salicaria* subsp. *anceps*)의 속명인 리트룸(*Lythrum*)은 '피'라는 뜻의 그리스어 루트론(luthron)에서 유래했고, 종소명 안켑스(*anceps*)는 '양쪽 날개가 있다'는 뜻입니다. 풀이하면 피처럼 붉은 꽃을 피우고 줄기에 잎이 마주나서 양쪽 날개가 펼쳐진 것처럼 보이는 꽃이라는 뜻입니다.

부처꽃과 멋쟁이나비

여름에 피는 홍자색 꽃. 그러나 피처럼 느껴지기는커녕 한여름의 더위를 식히는 자비의 꽃으로 보입니다. 벌과 나비에게 수없이 꿀을 내어 주는 자비의 꽃입니다. 불쌍한 영혼을 위로하는 자비의 꽃입니다.

2017년 여름, 학교로 돌아와 행복정원에 부처꽃을 심었습니다. 수돗가에도, 우수관 옆에도, 놀이터 옆에도 이곳저곳에 여러 포기를 심었습니다. 장마철 비온 뒤 부처꽃에는 부전나비들이 줄줄이 매달려 꿀을 빨고 사랑을 나눕니다.

학교를 범서초로 옮긴 2019년엔 연못가에 부처꽃을 심기 위해 꽃집을 찾았으나 구하지 못했습니다. 올해는 조바심이 나 일찍부터 울산에 있는 꽃집들을 뒤졌습니다. 부처꽃을 파는 곳은 없었습니다. 잘 아는 꽃집에 주문을 해 놓고 다시 인터넷으로도 주문 신청을 했습니다. 택배로 10포기가 왔습니다. 씨앗으로 번식한 것이라 전초가 너무 빈약해 바로 연못에 심지 못하고 상토와 거름을 넣고 화분에 심었습니다. 좀 키워서 연못에 심을 요량입니다. 뒤이어 꽃집에서 부처꽃 20포기가 도착했습니다. 해를 넘긴 것이라 뿌리가 제법 토실토실합니다. 개구리연못과 분수연못에 반씩 나누어 곳곳에 심었습니다.

오늘이 7월 13일, 꽃들이 하나둘 피기 시작합니다. 나비를 관찰하려니 장맛비가 내립니다. 비가 멈추고 벌들이 부처꽃을 찾아왔습니다. 호랑나비는 참나리만 찾고 부처꽃에는 오지 않습니다. 부처꽃에 나비가 찾아오길 기다립니다. 드디어 부처꽃에 호랑나비가 찾아왔습니다.

부처꽃은 나비가 너무너무 좋아하는 꽃입니다. 우리말 곤충명이 너무나 아름다운 부전나비, 팔랑나비, 멋쟁이나비, 호랑나비, 네발나비 모두모두 부처꽃을 찾아갑니다. 부전나비는 늘 짝과 함께 부처꽃에서 노닙니다. 부처꽃에 향기가 있을까요? 꽃잎에 코를 대어도 향기는 나지 않습니다. 아마 부처꽃의 꿀이 나비를 부르는 것 같습니다. 나비야! 나비야! 어디를 가느냐? 꿀 찾아 꽃 찾아 부처꽃에게로 간다.

부처꽃 (줄기에 털이 없다)   털부처꽃 (줄기에 잔털이 있다)

부처꽃을 사전에서 한번 찾아보았습니다. '잎은 피침형이고 꽃은 취산상으로 달려서 총상꽃차례치럼 보이며 삭과는 난형이고 꽃받침통 안에 있다.'

아하 머리가 띵합니다. 너무 어렵습니다. 좀 쉽게 쓸 수 없을까요? 이것은 어떻습니까? '잎은 끝이 뾰족하고, 꽃은 우산처럼 생긴 꽃송이가 꽃대 양쪽으로 달려 있으며 열매는 봉숭아처

럼 깍지 속에 있다가 익으면 터진다.'

 어때요? 좀 나아졌나요? 한자로 된 식물용어, 즉 일제강점기를 거치면서 일본어 한자로 된 학술용어가 도입되어 만들어진 식물용어가 참으로 어렵습니다. 사진과 영상으로 곧바로 확인할 수 있는 꽃 모습. 이를 표현하기 위해 꼭 그토록 어려운 한자를 써야 할까요? 꽃을 다루는 전문용어도 이젠 좀 바뀌어야 되지 않을까요?

 부처꽃에는 부처꽃, 털부처꽃, 좀부처꽃, 미국좀부처꽃 등이 있습니다.

8월에 무궁화놀이를 기다리며

"무궁화 삼천리 화려강산" 애국가 후렴구입니다. 이 말에 공감하는 사람이 얼마나 될까요?

"무궁화 무궁화 우리나라 꽃 삼천리 강산에 우리나라 꽃
피었네 피었네 우리나라 꽃 삼천리 강산에 우리나라 꽃"

박종오 작사 "우리나라 꽃"의 가사입니다. 이 노랫말에 공감하는 이 또한 얼마나 될까요? 삼천리 강산에 화려하게 무궁화꽃이 피었다. 글쎄요. 여러분도 그렇게 생각하십니까? 노랫말은 익숙하나 진달래나 벚꽃처럼 산야에 화려하게 피는 꽃이라는 말에는 그 모습이 쉽게 떠오르지 않습니다.

현재의 애국가 후렴구에 들어간 "무궁화 삼천리 화려강산"에 대한 확실한 기록은 독립신문에 실린 1899년 6월 배재학당에서 불리었다는 '무궁화 노래'에서 찾을 수 있습니다. 당시에는 여러 제목으로 수많은 '애국가'가 만들어지고 불렸습니다. 후렴 가사가 정확히 전해지지 않는 1897년 8월 조선개국 505주년 기원절에 불리었다는 윤치호가 지은 애국가 제목이 '무궁화 노래'여서 아마도 동일한 후렴구가 들어가 있지 않았을까 추정하고 있습니다. 1896년 독립문 정초식에서 후렴구가 들어가 있는 '무궁화 노래'가 불렸다고 주장하는 사람도 있습니다.

다만, 우리나라를 '무궁화 삼천리'로 인식한 것은 이때부터가

아닌 훨씬 오래된 것으로 보고 있으며, '무궁화 노래'의 후렴구 또한 당시 작시된 것이 아니라 아리랑과 같은 민요처럼 구전의 형식으로 존재하고 있지 않았을까 생각하는 사람들도 있습니다.

이렇게 우리 민족과 함께 해온 민족의 꽃 무궁화는 우리 강산에 화려하게 피어보지도 못한 채 일제강점기를 맞아 수난을 겪게 됩니다.

무궁화 (홍단심)

일제는 '근화(槿花)', '근역(槿域)', '근역삼천리(槿域三千里)', '무궁화', '무궁화 동산' 등 무궁화가 들어간 단어를 불온한 의미를 가진 것으로 취급했습니다. 무궁화가 들어간 이름을 사용하거나 무궁화를 매개로 민족의식을 고취하는 단체와 개인을 탄압했습니다. 1933년 11월 독립운동가이자 교육자이며 언론인이었던 일흔이 넘은 남궁억(1863~1939) 선생을 무궁화 재배를 이유로 구속한 것은 대표적인 사례가 아닌가 합니다.

그리고 일제강점기를 거치면서 '무궁화를 보면 눈에 핏발이 선다.', '무궁화 꽃가루가 눈에 들어가면 눈이 멀고 손에 닿으면 부스럼이 난다.', '진딧물이 많고 조생모사(朝生暮死)한 꽃이다.' 등의 무궁화에 대한 부정적이고 왜곡된 이미지가 식민지 교육을 통해 한국인들의 가슴에 심겨졌습니다.

하지만, 일제강점기 내내 무궁화는 국권 회복과 민족 독립의 상징으로서 역할을 하였습니다. 독립군들은 군가 가사에 무궁화를 넣어 은근과 끈기로 매일 매일 새롭게 피어나는 무궁화 정신을 민족정신으로 노래 부르며 무력 투쟁을 했습니다.

해방 이후, 무궁화가 우리나라의 꽃(國花)으로 적합한지에 대한 식물학자들 간에 격렬한 논쟁이 있었지만, 역사 속에서 자리 잡은 무궁화에 대한 대한국민들의 인식과 나라꽃으로서 국가의 무궁화 상징 활용 등의 영향으로 관습상 우리나라 국화로 자리매김하게 됩니다.

그러면 무궁화가 과연 우리나라 꽃이 맞긴 한 걸까요? 원산지와 자생지는 어디일까요? 무궁화의 원산지와 자생지에 대해선 중국, 인도, 한국 등 여러 설이 있습니다. 비록 우리나라에 무궁화 자생지가 발견되지 않아서 자생지가 있는 중국 등에서 전래된 꽃으로 보는 사람이 많지만 우리는 무궁화를 언급한 중국의 옛 문헌들을 주목할 필요가 있습니다.

중국의 고대 지리서인 『산해경(山海經)』에는 「군자의 나라가 그 북쪽에 있는데......무궁화가 아침에 피고 저녁에 진다.」라는 구절이 있습니다(君子國 在其北 有薰華草 朝生夕死). 여기서 군자국은 한반도요, 훈화초는 향기가 나는 꽃으로 무궁화입니다.

또 중국의 고전인 『고금기(古今記)』에도 군자의 나라 지방천리에 무궁화가 많이 피었더라(君子之國 地方千里 多木槿花)라는 구절이 있고, 중국 당나라 때(624년) 편찬된 『예문유취(藝文類聚)』에도 군자의 나라에는 무궁화가 많은데 백성들이 그 꽃을 먹는다(君子之國 多木菫之華人民食)라는 구절이 있습니다.

그리고 최치원이 효공왕(孝恭王)의 명령으로 작성하여 당나라에 보낸 국서에서 신라를 '근화향(槿花鄕)'이라 하였으며, 당나라의 정사인 『구당서(舊唐書)』에서조차 우리나라를 근화향이라고 말하고 있습니다. 근화향이란 무궁화의 고향이란 뜻입니다.

굳이 더 많은 중국 문헌들을 열거하지 않더라도 우리는 고조선 이후 신라, 고려를 거칠 때까지 한반도가 무궁화의 고향으로 불리었고 스스로도 그렇게 인식하였음을 알 수 있습니다. 조선시대 나라꽃의 자리를 공식적으로 한동안 오얏(자두꽃)에게 내어주긴 했지만 반만년 역사에 비하면 그렇게 긴 세월도 아닙니다.

15세기 유럽으로 여행을 떠나 전 세계 50여 개국에 그 자손을 퍼뜨린 무궁화. 비록 "히비스커스 시리아쿠스(*Hibiscus syriacus* L.)"라는 학명을 달고 돌아와 섭섭하긴 하지만 그래도 세계인의 사랑을 듬뿍 받은 꽃이 되었으니 얼마나 자랑스러운 일입니까?

이제부터라도 자랑스러운 우리의 꽃, 우리민족의 꽃 무궁화를 애국가 노랫말처럼 삼천리 강산에 화려하게 피도록 심고 가꾸어야겠습니다. 품종 개량을 해서 먼 옛날 그랬듯이 야생에도 내보내고, 무궁화 동산도 만들고, 무궁화 길도 조성해야겠습니다.

그런데 그 길이 쉬워 보이지는 않습니다. 1983~2015년 사이에 3,366만 그루를 심은 무궁화가 2015년말 298만 그루만 살아 남아있다고 하니 그동안 무궁화를 많이 심고 잘 가꾸었다고 말할 수는 없습니다. 재배식물임에도 생존에 적합하지 않는 곳에 식재가 되었고, 관리 예산의 부족, 무궁화 재배업자의 영세화, 무궁화 품종 개발 및 관리 체계의 미흡 등 총체적인 문제점을 안고 있습니다.

이제까지 몇 번이나 다수의 국회의원들이 발의한 "대한민국 국화(國花)에 대한 법률안"들이 의안으로 만들어졌지만, 모두 폐기되었다고 합니다.

태화강국가정원 내 무궁화정원

2016년 12월에 와서야 '산림자원의 조성 및 관리에 관한 법률'이 개정되면서 '무궁화의 보급 및 관리' 조항이 새롭게 만들어졌고, 현재 산림청에서 이 일을 맡고 있습니다. 5년마다 무궁화진흥계획을 세우고, 연차별 시행계획을 수립하여 시행하고 있습니다.

우리나라에 오직 한 사람뿐인 산림청 무궁화 전담 공무원에게 전화를 했습니다. 올해 무궁화 식재와 관리에 대한 계획도 수립했다며 무궁화 관련 책자를 보내주었습니다. 몇 해 전 8월 제가 울산에서 모화 가는 7호선 국도에서 본 것처럼 전국 방방곡곡에 화려하고 아름다운 무궁화가 활짝 피어 애국가 노랫말이 쉽게 머릿속에 떠오르기를 기다립니다.

다행히도 울산 태화강국가정원에 2017년 7월 약 1만㎡ 부지에 총 24종 24,921그루가 심어진 무궁화정원이 조성되어 무더운 여름날 정원을 찾는 이를 환하게 반기고 있습니다. 무궁화정원 조성에는 울산출신 무궁화 육종가인 심경구 박사님이 도움을 주셨습니다. 이 무궁화정원은 2018년 산림청에서 정한 아름다운 무궁화 명소 우수상을 수상하기도 했습니다.

기청산식물원에 핀 무궁화 (2016년 7월)

수부용과 목부용

꿈속에 신선 세계를 가 보신 적이 있나요?
꿈속에 천국을 가 보신 적이 있나요?

꿈에 바다 위 산으로 둥실 오르니
산은 모두 구슬과 옥이었고
푸른 구슬과 흰 옥이 밝게 빛나
쳐다볼 수가 없었다.

시냇물을 따라 굽이굽이 올라가니
기화이초(奇花異草)가 곳곳에 피었는데
이루 이름할 수 없고
숲 저편에선 온갖 향기가 진동하였다.

허균의 누이인 허난설헌이 1585년 꿈에 선계(仙界) 십주(十洲) 중 가장 아름다운 광상산(廣桑山)을 유람하고 지은 몽유광상산시(夢遊廣桑山詩)의 시문 중 일부입니다.

부용삼구타(芙蓉三九朶), '부용꽃 27(3*9)송이 붉게 떨어지니' 이는 몽유광상산시의 한 구절입니다. 실제로 난설헌은 이 시를 쓰고 스물일곱의 젊은 나이에 요절합니다.

문제는 시에 나오는 부용은 어떤 꽃일까하는 것입니다. 태화강대공원에 피는 미국부용일까요? 아니면 우리나라 제주도 서귀포에서 자생한다는 목부용 부용일까요? 아니면 연꽃일까요?

부용(芙蓉)은 한자로 풀이하면 연꽃 부(芙)와 연꽃 용(蓉)으로 중국에서는 연꽃을 달리 부르는 이름입니다. 물론 한국에서도 조선시대 한시(漢詩)에 나오는 대부분의 부용은 연꽃을 이르는 말입니다. 연(蓮) 부위 중에서도 꽃을 이르는 말입니다. 때가 조선 선조 때이니 이 시에 나오는 부용도 분명 연꽃입니다. <상사별곡(相思別曲)>을 쓴 평양(平壤) 명기(名妓) 부용, 김이양을 사랑한 성천(成川) 명기 부용. 예부터 부용이라는 이름을 가진 기생이 더러 있었습니다. 흙탕물 속에서도 곱고 우아하게 절개를 지키며 피는 연꽃의 아름다움을 닮고 싶어서일 것입니다. 여기에 나오는 부용도 물론 그 의미가 다 연꽃입니다.

수부용 (홍연)

그래서 우리는 오늘날 부용을 목부용(木芙蓉), 연꽃을 수부용

(水芙蓉)이라 부릅니다.

그럼 연꽃이 아닌 부용에 대해 알아보겠습니다.

최근에 우리가 부용으로 부르고 있는 식물은 대부분 미국부용(*Hibiscus moscheutos*)입니다. 북아메리카가 원산지이며 원예용으로 개량되어 1970년대 초 우리나라에 도입되었습니다. 꽃이 크고 화려하며 꽃의 색이 흰색, 빨강, 분홍 등 다양하여 최근에 조경용으로 많이 재배하고 있습니다. 울산 태화강국가정원에 자라는 부용도 바로 이 미국부용입니다.

반면 부용(*Hibiscus mutabilis*)도 있습니다. 부용은 중국이 원산지로 알려져 있던 목부용으로 키 작은 떨기나무입니다. 추위에 약해 우리나라에는 제주도 서귀포에서만 자생하고 있습니다. 꽃은 연분홍색으로 화려함과 당당함의 고운 자태를 갖추고 있습니다.

또 다른 부용으로 팔루스트리스미국부용(*Hibiscus moscheutos* subsp. *palustris*)이 있습니다. 영어 이름은 'Swamp Rose Mallow'이며 늦은 봄, 이른 여름에 꽃이 피는 것으로 알려져 있습니다.

그 밖에 꽃집에서 물무궁화로 알려진 단풍잎부용, 애기부용 등이 있습니다.

부용은 모두 속명이 히비스커스(*Hibiscus*)입니다.

　　　　미국부용　　　　　　　　부용

　히비스커스(*Hibiscus*)는 양아욱(marsh mallow)를 뜻하는 그리스어 이비스코스(ibiskos 또는 ebiskos)가 어원으로, 아욱과 무궁화속 식물을 통칭하는 속명입니다.

　학명(scientific name)에 히비스커스(*Hibiscus*)가 속명으로 들어간 식물은 우리나라 국화인 무궁화와 모두 형제뻘이라고 생각하시면 됩니다.

　우리나라에는 말레이시아 국화인 하와이무궁화(*H. rosa-sinensis*), 무궁화(*H. syriacus*), 부용(*H. mutabilis*), 낙불(*H. manihot*), 황근(*H. hamabo*), 미국부용(*H. moscheutos*) 등의 식물이 히비스커스(*Hibiscus*)라는 속명을 갖고 살고 있습니다.

　이 식물들의 특징은 대부분 여름에 크고 화려한 꽃을 피워 지친 길손에게 청량감을 줍니다. 그리고 아침에 꽃을 피우고 저녁이면 꽃송이가 지는 하루살이꽃이 대부분입니다.

단풍잎부용 (물무궁화)

애기부용

팔루스트리스미국부용

올여름 태화강국가정원에 부용아씨들이 찬란하게 펼치는 춤사위를 보러 가야겠습니다.

남도 배롱나무 기행

'그곳에 가면 천하제일 아름다운 배롱나무 숲을 볼 수 있다' 하니, 가볼 수밖에요. 옥 굴러가는 소리의 샘물, 그 샘물이 모여 이룬 연못, 연못을 내려다보는 정자, 주변에 흐드러지게 핀 50여 그루의 배롱나무, 연못 속에 붉게 물든 배롱나무 꽃과 뭉게구름. 담양 명옥헌(鳴玉軒), 명옥헌을 찾아 나섭니다.

명옥헌 배롱나무 숲

사람들은 배롱나무를 배일홍, 목백일홍(백일홍나무) 등으로 부르기도 합니다. 백일홍은 그 꽃이 백일동안 붉게 핀다는 뜻일 게고, 목백일홍은 초화류인 백일홍이 있으니 그것과 구분하기 위해 부르는 것입니다. 그리고 원예학회에서는 최근에 배롱나무를 백일홍으로, 초화류 백일홍을 백일초로 부르자고 했다고 합니다. 아마 조경하시는 분들이 워낙 배롱나무를 백일홍으로 많이 부르니 그럴 수도 있을 것 같습니다.

 분명한 것은 국명(표준명)이 배롱나무입니다. 배롱나무의 어원이 백일홍나무(한 번 빨리 발음해 보세요.)에서 왔다고 하더라도 이젠 더 이상 헷갈리지 않도록 배롱나무로 부르는 것이 옳을 듯합니다.

 배롱나무를 중국에서는 자미화(紫薇花)라고 합니다. 아마 배롱나무의 기본색이 자색(紫色)이었을 것입니다. 그리고 자색인 백일홍을 자미(紫薇), 흰색인 백일홍을 백미(白薇) 또는 은미(銀薇), 붉은색을 홍미(紅薇), 비취색인 백일홍을 취미(翠薇) 등으로 불렀습니다. 그러니 꽃 이름에 붉은색을 이미 규정하고 있는 백일홍은 여러 가지 색을 가진 배롱나무를 지칭하기에는 문제가 있어 보입니다. 배롱나무는 보라색 계통의 취미(翠薇)와 흰색을 띤 은미(銀薇)를 가장 으뜸으로 치고 있습니다.

흰배롱나무 은미(銀薇)

문득 이맘때 남목초등학교 화단을 밝게 비추며 진한 향기를 쏟아내는 취미(翠薇)가 떠올랐습니다. 차를 몰아 남목초로 내달렸습니다. 아이들은 아직 방학 전이었지만 흐드러지게 핀 보라색 취미의 진한 향기는 바람을 타고 나를 반기고 있었습니다.

천하의 배롱나무를 보기란 쉽지 않았습니다. 첫날은 순천 선암사에서 먼저 배롱나무를 대하기로 하였습니다. 절간은 붉게 물들고 산제비나비는 저를 누리장나무로 안내했습니다. 누리장나무는 누린내가 아니라 진한 백합 향기로 나를 유혹합니다. 유혹을 떨치고 홍미(紅薇)를 대하니 둥그런 머리 위에 뭉게구름을 이고 붉은 미소로 다가옵니다.

남목초 배롱나무 취미(翠薇)

강희안은 '비단같이 아름답고 노을처럼 고운 홍미가 뜰을 비추며 사람의 눈을 현란하게 한다'고 하였습니다. 성삼문은 '어제 저녁 한 송이 지고, 오늘 아침 한 송이 피며, 백일을 이어가니 내 너를 대하며 술잔을 들고 싶다'고 하였습니다.

신경준은 그가 쓴 『여암유고(旅菴遺稿)』 속 <순원화훼잡설(淳園花卉雜設)>에서 배롱나무에 대해 '오늘 하나의 꽃이 피고 내일 하나의 꽃이 피며 먼저 핀 꽃이 지려할 때 그 뒤의 꽃이 이어서 피어난다. 많고 많은 꽃잎을 가지고 하루하루의 공을 나누었으니 어찌 쉽게 다함이 있겠는가?'라고 하였습니다. 글 제목 속의 순원(淳園)은 순창의 정원이란 뜻으로, 조상대대로 가꾸어 오던 전라북도 순창에 있는 정원을 의미합니다. 지금도 순원(淳園) 터가 남아 있습니다.

배롱나무는 감히 눈부신 아름다움으로 백일을 가는 여름철 가장 존재감 있는 꽃임이 분명합니다. 순천이 가까워지니 길가엔 현저히 대나무와 붉은빛이 늘어납니다.

누리장나무

이튿날 네비게이션에 명옥헌을 치고 그곳으로 향합니다. 어! 그런데 나타난 곳은 죽녹원입니다. 안내원에게 물으니 죽녹원에도 가짜 명옥헌이 있다고 합니다. 아마 명옥헌을 재현해 놓은 듯합니다. 표를 물리고 다시 발길을 돌려 명옥헌으로 향합니다.

명옥헌 연못

35도를 오르내리는 불볕더위에 천하절경 배롱나무 숲은 쉽게 모습을 드러내지 않습니다. 마을을 지나 작은 언덕을 넘자 산자락에 붉게 물든 배롱나무 숲이 나타납니다. 연못 위 연꽃 사이사이에는 배롱나무 꽃잎이 물들고, 연못 속에는 뭉게구름과 함께 또 하나의 배롱나무 붉은 숲이 그림처럼 펼쳐져 있습니다.

사무치도록 그리워하는 꽃

사무치도록 그리워하는 꽃이 있습니다.

꽃은 잎을 그리워하고, 잎은 꽃을 그리워합니다. 서로를 그리워하지만 한 번도 만나지 못합니다. 이른 봄 잎은 싱싱함과 푸름을 맘껏 뽐내고 어느 순간 흔적도 없이 사그라지고 맙니다. 공허함과 잡초만이 그 자리를 메웁니다.

긴 기다림이 시작됩니다. 7월이 다 갈 즈음 화단 한구석에서 연노랑 꽃대가 뾰족하게 하늘을 쳐다봅니다. 꽃대 위 꽃자루에는 대여섯 개의 꽃들이 겹겹이 쌓여 있습니다. 꽃자루가 벌어지면서 하나둘 꽃이 피기 시작합니다. 여기서도 저기서도 꽃대는 마구 올라옵니다. 온 화단이 연분홍 상사화로 가득 찹니다.

상사화

화엽불상견(花葉不相見) 상사화(相思花). 잎과 꽃이 서로를 그리워하지만 만나지 못하는 꽃. 국가표준식물목록에는 자생식물 상사화 5종과 재배식물 상사화 12종이 올라가 있습니다.

자생(自生) 상사화? 산야에서 스스로 자손을 퍼뜨리며 살아가는 상사화가 5종이나 있다는 이야긴데. 진노랑상사화, 붉노랑상사화, 위도상사화(흰상사화), 제주상사화, 백양꽃입니다.

진노랑상사화(Lycoris chinensis var. sinuolata). 노랑이 아주 진하다는 이야긴데. 매혹적인 이 진노랑상사화는 멸종위기야생식물 2급입니다. 물기가 많고 자갈이 많은 수풀 속 낮은 곳에서 자랍니다. 한국 특산종입니다. 고창, 부안, 백양산 등에서 자라며, 7월 말쯤 신령스러운 빛을 비추는 영광 불갑사에 가면 볼 수 있습니다.

진노랑상사화

사무치도록 그리워하는 꽃　　147

붉노랑상사화(*Lycoris flavescens*). 이름이 왜 붉노랑상사화일까요? 눈을 씻고 다시 봐도 꽃색은 노랑색입니다. 어떤 이는 '암술이 붉어서'라기도 하고, 어떤 이는 '직사광선이 강한 곳에서는 노랑 꽃색이 붉게 보여서'라기도 합니다. 그래서 영명은 'Reddish-yellow surprise lily'로 정하고 있습니다.

고슴도치를 닮은 섬 위도(蝟島). 전라북도 위도에는 연한 노란색이 도는 흰색의 위도상사화(*Lycoris uydoensis*)가 자랍니다.

위도상사화는 전 세계에서 오직 위도와 서남해안 섬에만 사는 우리나라가 원산지인 특산식물입니다. 종소명에 위도가 들어가 있습니다. 바다의 여신이 위도에 와 못다 한 사랑을 위해 꽃이 되었습니다. 흰색의 상사화가 되었습니다. 사람들은 이룰 수 없는 사랑을 찾아 위도의 달빛 속에서 바다의 여신을 만나러 갑니다.

붉노랑상사화　　　　　　　　위도상사화

제주상사화　　　　　　　　백양꽃

　바다의 여신은 제주에도 못다 한 사랑을 뿌리고 갔습니다. 제주상사화(*Lycoris chejuensis*)입니다. 현재의 국명은 태경환과 고성철(1993)이 제주에서 제주상사화를 처음 발견하고 붙인 이름입니다. 제주상사화는 우리나라 특산종이나 재배종이 널리 퍼져 있습니다.

　한국특산종 상사화는 또 있습니다. 백양꽃(*Lycoris sanguinea* var. *koreana*). 백양산 백양사 인근에서 처음 발견되어 붙여진 이름이며 상사화의 변종으로 어둠 속에서 빛을 발하는 아름다운 꽃입니다. 고려상사화 또는 조선상사화라고도 합니다.

　상사화 가족 중에서 좀 유별난 것이 있습니다. 대부분의 상사화가 7~8월에 피는데 이 꽃은 9월 중순에 핍니다. 꽃도 진홍색으로 그 모양이 특별합니다. 9월에 절간 주변을 붉게 불태웁니다. 고창 선운사, 함평 용천사, 영광 불갑사 등이 이 꽃 축제로 유명합니다. 울산은 대왕암 공원 솔밭에 가면 붉게 물든 이 꽃을 만날 수 있습니다. 꽃무릇(*Lycoris radiata*)입니다. 무릇은

'물웃'에서 유래되었습니다. 그래서 물기가 있는 반그늘에서 잘 자랍니다.

꽃무릇 원산지는 중국이며 일본을 거쳐 우리나라에 들어왔습니다. 꽃무릇이라는 식물명은 정작 국가표준식물목록에 없습니다. 돌마늘이란 뜻의 석산(石蒜)이 국명으로 등재되어 있습니다.

꽃무릇 (울산 대왕암 공원)

태화강국가정원 십리대밭 길가에서도 상사화와 꽃무릇이 우리를 반긴다면 어떨까요? 추석 연휴 그리운 연인을 만나지 못하는 이가 있다면 동구 대왕암 공원에 꽃무릇을 만나러 가는 것은 어떨까요?

어둠을 밝히는 나무

나무가 어둠을 밝힌다? 설마 나무에 불이 붙는 것은 아닐 것이고. 석유가 들어오기 전 우리 조상들은 무엇으로 어둠을 밝혔을까요?

어린 시절 어머니는 영등날(靈登日) 이른 새벽 종지에 들기름을 붓고, 심지를 만들어 불을 붙이고, 영등 소지(燒紙)를 올리며 소원을 비셨습니다.

19세기 석유가 이 땅에 들어오기 전 등잔에 불을 밝히는 등유(燈油)로 아주까리, 들깨, 동백기름 등이 있었지만 정작 조선의 선비들은 이 나무의 열매로 기름을 짜 어둠을 밝히고 공부를 했습니다. 이 나무는 무슨 나무일까요?

쉬나무입니다. 큰 쉬나무 한 그루 열매에서 15kg이 넘는 씨앗을 얻을 수 있고 이 씨앗으로 쉬나무 기름 30ℓ를 얻을 수 있다고 합니다. 쉬나무 기름은 불이 맑고 밝으며 그을음이 적어서 공부방 호롱불에는 없어서는 안 될 기름이었습니다. 물론 횃불을 밝히는 데도 쉬나무 기름을 사용했죠.

조선시대 양반들은 이사를 가면 등불을 밝히기 위한 쉬나무와 소나무보다 산소발생량이 5배나 많은 학자수로 알려진 회화나무 종자를 반드시 챙겨갔다고 합니다. 쉬나무는 뒷산에 심고, 회화나무는 동구 밖과 공부방 주변에 심어 양반 동네로서의 자존심을 세우고 평생 면학에 전념하겠다는 다짐을 했다고 합니다.

'쉬'나무. 발음이 어찌 아이들 오줌 누일 때 내는 소리 같습니다. 그래서 어떤 사람은 오줌나무라고도 합니다. 그럼 쉬나무에서 '쉬'는 어디에서 왔을까요?

중국 한약재에는 오수유(吳茱萸)라는 것이 있습니다. 오나라에서 나는 수유라는 뜻입니다. 오수유는 우리나라에는 자생하지 않으며 약재로 쓰기 위해 중국에서 가져와 재배하는 식물입니다. 우리나라에는 오수유와 비슷한 식물이 자라는데 사람들은 이 나무를 그냥 수유나무로 불렀습니다. 그러다 수유나무의 전라도 방언인 '쉬나무'를 따 쉬나무로 부르게 되었다고 합니다. 따라서 '쉬'는 수유(茱萸)에서 온 것이죠. 북한에서는 아직도 쉬나무를 수유나무라고 부릅니다.

수유나무? 수유? 뭔가 익숙한 말 같지 않습니까? 우리가 잘 아는 지리산 구례 산동마을의 산수유(山茱萸). 봄에 일찍 노랑꽃을 피우는 그 산수유와 한자어가 같습니다. 좀 어색하긴 하지만 산수유(山茱萸)는 산에 자라는 쉬나무란 뜻이죠. 한자어대로만 풀이한다면.

더위가 기승을 부리고 온갖 꽃들이 사라져 벌나비가 힘들어하는 한여름 쉬나무는 이제야 풍성한 꽃을 피워 그들에게 꿀잔치를 베풉니다. 그것도 한 달간이나. 그러니 벌나비가 얼마나 좋아하겠어요. 벌이 얼마나 좋아하면 아까시나무의 별명이 "bee tree"인데 쉬나무의 영명은 "bee bee tree"입니다. 그래서 꿀벌나무라고도 합니다.

북한에서는 황해북도 서흥군 등 130여 시군에 수만 정보의 쉬나무림을 조성하여 식용류와 약재, 비누 등의 원료로 활용하고 있으며, 우리나라에서도 최근에 쉬나무 기름을 대체 에너지용으로 이용하기 위한 연구가 진행되기도 했습니다. 경제성이 없는 잡목림에 쉬나무를 심어 그 기름으로 자동차를 굴러가게 한다면 매연도 줄이고, 외화도 벌고, 꽃도 보고. 과연 일석삼조(一石三鳥)가 될 수 있을까요?

쉬나무 꽃

이 쉬나무는 참 희한한 나무입니다. 대부분 꽃은 하나의 꽃 속에 암술과 수술이 들어 있는 양성화입니다. 반면에 은행나무나 뽕나무처럼 암꽃과 수꽃이 다른 나무에 피는 암수딴그루가 있는가 하면 소나무처럼 암꽃과 수꽃이 한 나무에 피는 암수한그루인 나무도 있습니다. 이를 자웅이주(雌雄異株) 또는 자웅동주(雌雄同株)라고 부르죠. 그런데 쉬나무는 수꽃만 피는 수나무가 있고, 암꽃과 수꽃이 한 나무에 피는 암수한그루(자웅동주)가 따로 있다는 것입니다. 그럼 이를 뭐라고 불러야 하죠. 암수딴그루도 되고 암수한그루도 되는 나무를.

울산 장구산 가는 길에 자귀나무와 쉬나무가 어울려 피니 좋습니다. 조금 있다 그 옆에 배롱나무가 빨갛게 또 피었습니다. 자귀나무 꽃색이 장마에 좀 바래긴 했지만 자귀나무와 쉬나무 그리고 배롱나무가 어울리니 더 좋습니다. 사위질빵이 나도 있다며 나무 위로 줄기를 내밀고 꽃을 피우니 개울 건너 언덕엔 달맞이꽃이 살랑거리며 노란 웃음을 보냅니다.

잡신을 쫓아내는 학자수

당산나무. 어릴 때 본 당산나무는 팽나무였습니다. 그땐 포구나무라고 불렀죠. 돌무덤에 둘러싸인 당산나무. 그곳엔 마을을 지키는 신령이 살고 있다고 믿었습니다.

'신령이 나무에 살고 있다.' 여러분도 그렇게 믿고 있나요? 예부터 신령이 살고 있다고 믿었던 나무가 있습니다. 그 나무를 괴목(槐木)이라 불렀습니다. 하! 괴(槐)자엔 나무에 실제로 귀신(신령)이 붙어 있군요. 나무 목(木), 귀신 귀(鬼). 괴목(槐木)? 두 종류의 나무가 있습니다.

오늘 공부하고자 하는 나무부터 이야기할까요? 하나는 회화나무입니다. 이 나무를 집 앞에 심어두면 그곳에 사는 신령스러운 신이 잡귀신을 막아 그 집안이 내내 평안할 수 있다고 합니다. 회화나무를 한자로는 槐木(괴목)이라 하고 그 꽃을 槐花(괴화)라고 합니다. 槐(괴)의 중국발음이 회이므로 회화나무, 회나무, 홰나무로 불립니다.

부산에 가면 사하구에 괴정동(槐亭洞)이 있습니다. '槐亭洞' '회화나무 괴' 자에 '정자 정' 자를 쓰는군요. 부산의 괴정동에는 회화나무 정자가 있다는 이야긴데, 실제로 있습니다. 부산 괴정동에는 600년 이상 된 팔정자(八亭子) 회화나무가 있고, 그 밖에도 전설이 서린 회화나무 정자가 있습니다. 부산의 괴정동은 괴목(槐木)인 회화나무가 있어 괴정동이 되었습니다.

ⓒ부산시   회화나무 (부산 괴정동)

그럼 충북 괴산(槐山)은 어떤가요? 괴목(槐木)이 사는 산이 있어 괴산인가요? 그렇습니다. 그런데 여기서는 괴목이 회화나무가 아니라 느티나무입니다. 예부터 느티나무에도 신령이 살고 있다고 믿었던 것이죠. 그래서 느티나무도 괴목이라 부릅니다.

612년(진평왕 34년) 찬덕(讚德)이란 신라 장수는 지금의 충북 괴산 근처에 있던 가잠성(椵岑城)의 성주였습니다. 어느 날 백제군이 쳐들어와 성을 잃게 되자 그대로 달려 나가 느티나무에 부딪혀 죽었습니다. 이후 가잠성을 느티나무 괴(槐)자를 써 괴산으로 불렀습니다. 괴산군 일대는 지금도 느티나무가 많고 군목(郡木)도 느티나무입니다.

회화목(懷花木), 괴목(槐木), 괴수(槐樹), 학자수(學者樹), 출세수(出世樹) 등. 회화나무의 다른 이름입니다.

회화나무. 선조들은 이 나무를 집안에 심으면 가문이 번창하고 큰 학자나 인물이 난다고 믿었습니다. 상서로운 기운이 모여 재물이 모인다고 믿었습니다. 그래서 종가나 고택, 그리고 공부하는 선비가 있는 곳엔 어김없이 회화나무를 심었습니다. 이 나무를 심으면 큰 학자나 인물이 날 수밖에 없는 것이 이 나무의 산소발생량이 소나무의 5배나 된다고 합니다. 공부방 주변에 이 나무를 심으면 산소가 많이 나와 머리가 맑아져 공부를 잘할 수 있을 것이요. 절로 공부가 잘되니 큰 인물이 나고 가문이 번창할 수밖에요.

괴산 오가리 상괴목 (느티나무)

여러분! 자녀를 학자로 키우고 싶으세요.

그러면 영명이 'Scholar tree'인 학자수(學者樹) 회화나무를 집안에 심으세요.

회화나무

　울산 옥서초등학교 교사 뒤편에는 10여 그루의 회화나무가 자랍니다. 그 회화나무는 2층, 3층, 4층 교실에 맑은 산소를 늘 공급합니다. 아마 아이들은 머리가 맑아져 공부가 더 잘 될 것입니다. 누군가 학교를 지을 때 이 사실을 알고 회화나무를 심었다면 대단한 일이죠.

　구울산초등학교 체육관 앞에도 300년 된 회화나무가 있었습니다. 그 나무를 찾아갔습니다. 울산초등학교는 옮겨가고 이 나무만 홀로 남았습니다. 여러 치례 영양제를 맞았는데도 불구하고 나뭇가지 끝은 말라 죽어가고 있었습니다. 무성한 잎을 달지 못하고 마치 신령처럼 울산을 굽어보고 있습니다. 주변은 온통 주차장입니다. 조선 영·정조 시대부터 울산과 함께해 온 터줏대감 회화나무가 온전하기엔 주변이 너무 시끄럽고 어수선합니다. 좀 더 세심한 보호가 필요해 보입니다.

구울산초등학교 회화나무

　회화나무. 한여름에 노란 나비꽃을 피우는 회화나무. 산소도 많이 나오고 아황산가스 등 자동차 매연의 분해 능력이 뛰어나 최근에는 가로수로 인기가 높습니다. 회화나무 가로수길을 늘리고 학교에도 심으면 어떨까요?

하늘을 업신여기는 꽃

이 꽃이 없으면 어찌할 뻔했어요? 이 꽃이 없다면 삼복염천(三伏炎天)을 어떻게 보낼 수 있겠어요? 천지가 신록으로 넘쳐 지쳐갈 때 주홍빛으로 세상을 밝히는 꽃이 있습니다. 삼천리 강산에 무궁화는 화려한 꽃 보기가 쉽지 않고, 수국은 추운 겨울에 꽃눈이 얼어버리니 그래도 믿을 수 있는 꽃은 이 꽃입니다.

어느 시인은 이 꽃이 하늘을 능멸하고 붉은 웃음을 띠며 색정과 요염을 듬뿍 간직하고 있다고 했습니다. 하늘을 능멸하는 꽃, 능소화(凌霄花). 그런데 한자 凌은 '업신여길 능', '범(犯)할 능'으로 읽습니다. 직역하면 하늘을 업신여기는 꽃이 되지만 의역하면 나무에 기대어 하늘 높이 자라는 꽃이라는 뜻입니다. 중국의 『본초강목』에도 '나무에 붙어서 자라고 높이는 몇 장 정도 되므로 능소라고 했다(附木而上 高數丈 故曰凌霄)'라고 유래를 밝히고 있습니다.

미국능소화 '마담 게일런'

능소화는 하늘을 바라보며 줄기의 마디 뿌리로 담장도 타고, 나무도 타고, 벽도 타고, 전봇대도 타고 하늘 높은 줄 모르고 올라 한여름 더위를 식히는 주홍, 주황색 꽃을 세상을 향해 토해냅니다.

2008년 모 학교에 교감으로 있을 때 학교 숲 시범학교를 했습니다. 교문 주변과 교사 뒤편 펜스에 능소화 10여 그루를 심었습니다. 기다란 장대에 수형을 잡은 것들이었습니다. 난리가 났습니다. '능소화 꽃가루에 갈고리가 있는데 이것이 눈에 들어가면 눈이 먼다'는 것입니다. 이런 나무를 한두 그루도 아니고 여러 그루를 교내에 심었으니 여기저기서 항의 전화가 옵니다. 아직도 인터넷엔 능소화 꽃가루에 독이 있니, 벌레가 있니, 갈고리가 있니 하는 속설(俗說)들이 난무하고 있습니다.

아마 학교에서 능소화 찾기가 쉽지 않은 것은 이러한 속설 때문이 아닌가 싶습니다. 십여 년 전 학교에 심었던 그 능소화는 아무런 문제없이 지금도 7월이면 아름다운 주홍빛 꽃을 피우며 아이들을 반기고 있습니다.

"능소화 꽃가루 눈에 들어가도 실명 위험 없어요"

2015년 7월 산림청의 연구 결과를 바탕으로 연합뉴스에서 능소화를 보도한 뉴스 제목입니다. 국립수목원은 진실을 규명하기 위해 능소화 꽃가루를 주사전자현미경(SEM)으로 관찰하고 조사한 결과 능소화의 꽃·잎·줄기·뿌리 등에는 세포독성이 거의 없는 것으로 나타났다고 밝혔습니다. 그리고 능소화 꽃가루는 표면에 가시 또는 갈고리와 같은 돌기가 있는 형태가 아닌 매끈한 그물망 모양을 하고 있어 사람의 눈에 들어갈 확률이 낮고 들어가더라도 피부나 망막을 손상시키는 구조가 아니라는 것입니다.

능소화를 양반꽃이라 하고 상민들이 이 꽃을 심으면 불러다 곤장을 쳐 심지 못하게 했다는데, 하도 꽃이 아름답고 품격이 높으니 양반나리들께서 자신들만 독차지하려고 헛소문을 낸 것이 아닐까요.

오늘도 10여 년 전 능소화를 심었던 그 학교에 전화를 하니 교장선생님께서 능소화 독성을 이야기하시면서 이를 캐서 버려야 할지, 어떻게 해야 할지 걱정을 하고 계셨습니다. 기우(杞憂)입니다.

아름다운 꽃 치고 전설 하나 없는 꽃이 없습니다. 전설은 억울한 죽음이 승화돼 예쁜 꽃으로 피어납니다. 현실에서 이룰 수 없는 꿈이 좌절되어 죽어서는 꽃이 됩니다.

옛날 어느 궁궐에 '소화'라는 아름다운 궁녀가 있었습니다. 우연히 임금의 눈에 띄어 성은을 입게 됩니다. 그녀는 빈의 자리에 오르지만 임금은 다시는 그녀를 찾지 않습니다. 임금에 대한 연정과 그리움에 지쳐 그녀는 병이 들어 죽게 됩니다. 그리고 임금을 처음 만났던 담장 아래 묻히게 됩니다. 이듬해 그녀가 묻힌 자리에서 꽃이 돋아나 담장을 타고 올라갔습니다. 사람들은 이 꽃을 능소화라고 부르고, 그녀의 혼이 꽃이 되어 죽어서도 임금을 기다린다고 하였습니다.

능소화는 못다 한 사랑이 한(恨)이 되었을까요?

소화는 하늘을 업신여기며 높이높이 담장을 타고 올라갑니다. 고개를 쭉 내밀고 하염없이 님을 기다립니다. 주홍빛 진한 화장을 하고.

능소화 　　　　　미국능소화 (라디칸스)

쑥부쟁이의 전설

고향 하면 무슨 꽃이 떠오르시나요?

들국화가 떠오르신 분은 없나요?

저는 들국화가 떠오릅니다. 어머니의 모습처럼 그리움으로 다가오는 꽃입니다. 가을걷이가 끝나고 서리가 내릴 즈음 못둑, 논둑, 밭둑, 길가에는 들국화가 지천으로 피기 시작합니다.

길가에 무더기로 핀 구절초. 그 고결함과 수려함에 지고 가던 지게를 내려놓고 멍하니 오랫동안 쳐다봅니다.

들국화. 너무나 정겨운 이름이지만 정작 꽃 이름은 아닙니다. 들국화에는 구절초, 쑥부쟁이, 산국, 감국 등 여러 가지가 있습니다.

노랑, 주황, 연두, 자주색 등 2,000여 품종이 넘는 재배종 국화, 1970년에 춘천에서 처음으로 채집된 귀화식물 미국쑥부쟁이는 오늘의 주제가 아닙니다. 우리나라에 자생하는 국화가 오늘의 주제입니다.

내 고향 산청. 가을이 되면 구절초가 흐드러지게 핍니다. 9월에 동의보감촌에 피는 구절초는 천하제일이지요. 구절초는 5월 단오에는 줄기가 다섯 마디가 되고, 음력 9월 9일 중양절에는 줄기가 아홉 마디가 됩니다. 이때 채취한 것이 약성이 가장 좋다고 하여 구절초(九節草)라 부릅니다.

동의보감촌에 핀 구절초

　구절초가 처음 꽃이 필 무렵에는 벌, 나비를 유인하기 위해 꽃이 연분홍색입니다. 수정을 마친 뒤에는 차츰 흰색으로 변하죠. 구절초의 약성은 부인병에 아주 좋은 것으로 알려져 있습니다. 산구절초, 바위구절초, 한라구절초, 가는잎구절초 등이 있습니다.

구절초

쑥부쟁이. 쑥쑥 자라는 쑥을 캐러 다니는 불쟁이(대장장이)의 딸. 여기 그 아름다운 전설이 있습니다.

옛날 어느 산골에 대장장이 가족이 살고 있었습니다. 대장장이의 큰딸은 병든 어머니와 동생들을 돌보면서 가족들을 위해 쑥을 캐러 다녔습니다. 그 모습을 본 마을 사람들은 그를 '쑥을 캐러 다니는 불쟁이의 딸'이라는 뜻으로 '쑥부쟁이'라고 불렀습니다.

어느 날 쑥부쟁이가 쑥을 캐다가 상처를 입고 사냥꾼에게 쫓기고 있는 노루를 발견하게 되었습니다. 쑥부쟁이는 상처 입은 노루를 숨겨주고, 상처까지 치료를 해주었습니다. 그리고 며칠 후에는 산짐승을 잡으려고 파놓은 함정에 빠진 사냥꾼 또한 구하게 되었습니다. 사냥꾼은 잘생긴 청년이었습니다. 둘은 첫눈에 반하고 사랑에 빠졌습니다. 그러나 청년은 다음 해 가을에 다시 오겠다는 약속을 하고 떠났습니다. 쑥부쟁이는 사냥꾼 청년을 기다리면서 한 해 두 해 보냈지만 사냥꾼은 소식이 없었습니다.

쑥부쟁이는 사냥꾼을 만나게 해 달라고 산신령께 간절히 기도를 했습니다. 그러자 몇 해 전 자신이 구해 준 노루가 나타났습니다.

노루는 주머니에 담긴 노란 구슬 3개를 주며 이 구슬을 입에 물고 소원을 빌면 소원이 이루어진다고 하였습니다. 첫 번째는 어머니를 낫게 하고, 두 번째는 사냥꾼을 만나게 해달라고 빌었습니다.

사냥꾼이 나타났습니다. 그러나 사냥꾼은 이미 결혼을 하고 아이까지 있는 몸이었습니다. 쑥부쟁이는 사냥꾼이 원망스러웠지만 마지막 구슬로 사냥꾼이 가족의 품으로 돌아가게 하였습니다. 그 후 쑥부쟁이는 사냥꾼에 대한 그리움으로 산을 헤매다 절벽에서 떨어져 죽고 말았습니다.

이듬해 그 자리에 아름다운 꽃이 무더기로 피어나기 시작했습니다. 사람들은 이 꽃을 쑥부쟁이라고 불렀습니다.

쑥부쟁이

자연은 초목이 다 시들은 낙목한천(落木寒天)에 구절초, 쑥부쟁이도 모자라 산국(山菊), 감국(甘菊)도 선물로 보냈습니다. 산에 가까운 곳에서 피면 산국이요. 단맛이 나면 감국입니다. 꽃의 크기가 50원짜리 동전만 하면 산국이요, 500원짜리 동전만 하면 감국입니다.

국화(菊花)야! 너는 왜 춘삼월에 싹이 나 온갖 초목이 꽃을 피우는 삼복염천(三伏炎天)에도 꿈쩍도 하지 않더니 이제야 어이 서리를 노려보며 그 수많은 꽃봉오리를 토해 내느냐? 오상고절(傲霜孤節). 서리를 이기고 오만하게 외로이 선비의 절조를 지키려 하는 것이냐?

『신농본초경(神農本草經)』. 중국의 가장 오래된 본초서(本草書)로서 조선시대에도 널리 읽혀진 약초에 관한 책입니다. 여기에 국화(菊花)가 몸을 경쾌하게 하고 수명을 연장시키며 머리와 눈을 맑게 한다고 하니 이제야 사람들이 국화주를 즐기는 이유를 알겠습니다. 그중에 가장 늦게 꽃을 피우고 붉은 줄기에 노란 꽃이 피는 감국이 최고라고 했습니다.

감국　　　　　　　　　　바위구절초

가을의 길목에서

　가을의 길목 9월입니다. 미소정원 오솔길을 들어서니 한여름 그렇게도 빨간 꽃송이를 피워대던 다알리아는 색이 바래고, 샐비어가 '내 세상이다' 하고 꽃색을 짙게 물들입니다. 샐비어 앞으로는 장미봉숭아, 일일초, 맨드라미, 멜람포디움이 앞다투어 꽃 자랑을 하고 있습니다.

　장미봉숭아는 지난해 경기도 광주에 계시는 만당 선생에게서 씨앗 나눔으로 받은 것을 겨우 몇 포기 건졌습니다. 올해는 온 학교에 퍼졌습니다. 화분에 장미봉숭아 모종을 심고 수돗가에서 키워 아이들이 등교하는 진입로에 옮겨 놓았습니다.

장미봉숭아

　봉숭아는 아이들을 바라보며 뭉실뭉실 장미를 잘도 피워 냈습니다. 그런데 욕심을 부렸습니다. 더 큰 꽃송이를 보려고 뿌리 근처에 비료를 약간 웃거름으로 주었습니다. 아뿔싸 비료가 너무 독해 일부 줄기가 마릅니다. 실수다, 실수다. 욕심이 또 화를 불렀습니다. 거름이 과하면 식물이 말라버립니다.

보기만 해도 편안한 일일초 옆에 언제 어디에서 씨앗이 떨어졌는지 어느 날 애기맨드라미 형제가 자라기 시작했습니다. 주변을 정리해서 애지중지하니 무럭무럭 잘 자랍니다. 가을 햇살이 따뜻하니 붉은 볏을 길게 내밀기 시작했습니다.

긴 여름날 끝없이 노란 꽃송이를 늘려가는 멜람포디움은 몇 년 전 나와 인연을 맺었습니다. 지난해 몇 포기를 정원에 들여 여름을 풍성하고 포근하게 지냈습니다. 올해는 심지도 않았는데 어린 싹이 샐비어 사이를 뚫고 빼꼼히 여기저기서 올라왔습니다. 작은 모종을 정원 이곳저곳에 옮겨 심으니 지금은 하루가 다르게 꽃송이가 번져 나가고 있습니다. 정원 식구로 사귈만한 친구입니다.

페튜니아 길을 지나니 나팔꽃 줄기가 골담초를 덮어버렸습니다. 페튜니아는 세계에서 가장 많이 팔리는 꽃답게 햇볕만 쨍쨍하면 늘 화사합니다.

늦봄부터 초가을까지 참으로 오래 피는 페튜니아. 아이들이나 초보자들에게 물으면 십중팔구는 나팔꽃이라고 합니다. 여름이면 다리 난간을 장식하는 페튜니아. 아르헨티나 원산으로 '페튜니아(Petunia)'는 이 꽃의 학명(속명)입니다.

페튜니아

이 꽃의 우리 이름이 있긴 있습니다. '애기담배풀'입니다. 담배라. 꽃과 잎이 모두 담배를 닮았고 원산지에서는 'petun'이 담배를 뜻한다고 합니다. 페튜니아 잎을 한번 만져 보십시오. 담뱃잎처럼 찐득찐득 붙습니다. 꽃 이름을 애기담배꽃이라고 했으면 페튜니아보다 좋지 않았을까요?

골담초(骨擔草)는 글자대로라면 뼈를 책임지는 풀이란 뜻이지만 사실은 풀(초본식물)이 아니고 나무(목본식물)입니다. 봄이면 나비 모양의 노란 꽃을 피웁니다. 그 꽃은 배고픈 어린 시절엔 맛있는 간식이었습니다.

나팔꽃, 나는 이 꽃을 심고 늘 꽃피기를 기다렸습니다. 왜 안 피지? 왜 안 피지? 꽃이 안 피는 종인가? 그러나 한여름이 지나고 아침저녁으로 가을 내음이 나니 나팔꽃은 줄줄이 나팔을 토해냅니다. 태양이 부끄러워 해 뜨면 고개 숙이지만 나팔꽃 연정은 언제나 진하기만 합니다.

가우라 (분홍 나비바늘꽃)

한 걸음 더 나아가면 석류나무 뒤엔 가우라(나비바늘꽃), 꽃뱀의꼬리, 칸나가 자랍니다. 2020년 9월 3일 새벽 3시쯤 태풍 '마이삭'이 정원을 휩쓸고 갔습니다. 키 큰 노랑코스모스, 다알리아, 샐비어가 수난을 당했습니다. 특히 석류나무는 주렁주렁 달린 석류의 무게를 이기지 못하고 몇 개의 가지가 부러졌습니다.

나비바늘꽃도 키 큰 초본식물이라 나비처럼 팔랑팔랑 피어오르던 꽃은 사라지고 고개를 푹 숙이고 있습니다. 나비바늘꽃은 꽃모양이 나비를 닮았고, 씨방이 바늘을 닮아 나비바늘꽃이란 이름을 얻었습니다. 그러나 막상 나비바늘꽃에는 찌르는 바늘은 없고 국가표준식물목록에도 나비바늘꽃이란 꽃 이름도 없습니다. 학명의 속명인 가우라(*Gaura*)로 등록되어 있습니다. 이렇게 아름다운 우리 꽃 이름을 두고서. 6월부터 10월까지 개화기간이 길어 정원 식구로 인기가 높습니다.

나비바늘꽃이 이왕 나왔으니 나비를 닮은 꽃을 한번 살펴볼까요? 우선 나비바늘꽃에도 흰나비와 붉은나비가 있습니다. 사람들은 흰나비를 한자로 백접초(白蝶草), 붉은나비를 홍접초(紅蝶草)로 부릅니다.

비슷하게 부르는 식물 이름이 또 있습니다. 풍접초(風蝶草, Cleome spinosa), 꽃이 마치 나비가 바람에 춤추는 모습을 닮았다는 뜻입니다. 풍접초에도 흰 나비, 붉은 나비가 있습니다. 풍접초는 꽃차례가 족두리를 닮아 족두리꽃이라고도 합니다.

좀 더 볼까요? 호접란(蝴蝶蘭). 여러분 호접란 아세요. 꽃이 아름답고 공기정화 기능까지 있어 베란다나 창문가에서 키울 수 있는 인기 있는 난입니다. 비교적 햇빛이 좀 부족해도 오랫동안 꽃을 피웁니다. 호접(蝴蝶) 나비 호, 나비 접자를 씁니다. 나비의 종류를 총칭해서 보통 호접이라 합니다.

황호접(黃蝴蝶, Cassia tomentosa)이라 불리는 꽃도 있습니다.

황호접

가을의 길목에서 173

콩과식물로 노란 꽃이 노랑나비와 비슷하고 호접란 꽃을 닮았습니다. 꽃이 귀한 가을에 꽃을 피우며 은은한 향기도 있습니다.

그 밖에 나비수국(*Rotheca myricoides*), 알스트로이메리아(*Alstroemeria*) 등 나비를 닮은 꽃이 많습니다. 아마 꽃이 나비를 닮은 것은 나비를 불러 번식을 하려는 꽃의 본성인지도 모르겠습니다.

천사의나팔

2020년 9월 3일 새벽 9호 태풍 '마이삭'에 이어 7일 오전 10호 태풍 '하이선'이 울산을 강타했습니다. 태풍에 대비해 아이들의 등교 진입로에 있던 백일홍, 장미봉숭아, 채송화, 천사의나팔 등을 현관 안으로 들였습니다. '마이삭' 때까지는 크고 작은 화분들은 화사하게 무사했습니다. 문제는 2일 현관에 들인 화분을 또다시 태풍이 온다 하여 7일까지 무려 일주일 동안이나 그곳에 둔 것입니다. 그동안 꽃들은 제대로 햇빛도 못 보고, 통풍도 되지 않은 곳에 있었던 것입니다. 아! 꽃이 시들고 망가지고 말았습니다. 게으름이 화를 부른 것입니다. 아무리 아름다운 꽃이라도 일주일을 해를 보지 못하고 통풍이 되지 않는 곳에 두면 안 된다는 것을 절실히 깨닫게 되었습니다. 노지에 있던 꽃들도 마찬가지입니다. 넘어지고, 부러지고, 꺾이고, 지지대를 세워도 소용이 없었습니다. 태풍으로 수확을 앞둔 농작물이 망가져 버린 농부의 심정을 알 것 같습니다. 망가진 화분에 배추를 심었습니다. 자라는 배추를 바라보며 위안을 얻습니다.

태풍이 정원을 할퀴고 간 지 사흘이 지났습니다. 식물의 자생력은 참으로 놀랍습니다. 태풍이 지나간 자리에도 꽃은 피기 시작했습니다. 꽃범의꼬리도, 칸나도 꽃을 피웁니다. 소나무 밑에 군락을 이루고 있는 청화쑥부쟁이도 하나둘 꽃을 피우기 시작했습니다. 봉숭아 등쌀에 비실대던 목화도 태풍 뒤 따뜻한 9월의 햇살을 받으며 이제야 푸름을 더해갑니다.

청화쑥부쟁이

태풍이 지나간 후 미소동 교사 앞에는 지금 봉숭아 2세가 자라고 있습니다. 여름에 핀 봉숭아가 씨앗을 떨어뜨려 새싹이 올라온 것입니다. 봉숭아는 1년에 2모작이 가능합니다. 가을에 피는 봉숭아도 제법 볼만 합니다.

미소정원

　지난해 미소동 1층 창문 쪽에는 여름꽃으로 해바라기, 백일홍, 봉숭아를 심었습니다. 제일 안쪽에는 키 큰 해바라기를 심고, 그 앞엔 백일홍, 또 그 앞엔 봉숭아를 심어 해바라기 앞에 백일홍, 백일홍 앞에 봉숭아가 자라는 모습을 연출해 보려고 했습니다.

　문제가 생겼습니다. 해바라기가 한창 자라면서 백일홍, 봉숭아의 영양분까지 마구 빼앗아 백일홍, 봉숭아의 생장을 방해했습니다. 해바라기만 엄청 잘 자라 교실에 그늘만 지게 했습니다. 작품 실패였습니다.

그래서 올해는 아예 해바라기는 교실과 교실 사이 벽이 있는 곳에 심고, 백일홍과 봉숭아를 분리해서 심었습니다.

베르가못

드러눕기를 좋아하는 프렌치메리골드(만수국) 옆에 어느 날 수박이 자라기 시작했습니다. 덩굴이 성큼성큼 기어가더니 꽃도 피고 제법 큼직한 수박이 열렸습니다. 일명 똥수박입니다.

잘 자라도록 옆에 사는 베르가못(bergamot)은 향기로 응원을 보내고, 부처꽃은 고개 숙여 박수를 칩니다. 베르가못은 북미에서 온 외래종으로 향기가 진하고, 꽃이 화려하며, 번식력이 좋아 지난 8월 정원에 처음으로 들인 것입니다. 곧 꽃이 피려나 했는데 아직도 꽃이 피지 않고 있습니다. 9월 말에나 필지 아니면 내년에나 꽃을 볼 수 있을지 모르겠습니다.

수박이 자라는 건너편엔 사계장미원을 만들었습니다. 꽃이 사계절 핀다고 사계장미라고 합니다. 봄에 한 번 피고, 여름에 한 번 피고, 가을에 꽃이 필지 꽃봉오리가 하나 둘 맺히기 시작했습니다. 사계장미가 봄에는 어떻게 꽃을 피울지도 기다려집니다.

 태풍이 몇 번을 찾아와도 정원의 새 생명은 태어납니다. 여름에 정원을 화려하게 수놓은 어미 접시꽃 주변에는 지금 내년에 꽃을 피울 아기 접시꽃들이 한창 자라고 있습니다. 에키나시아(echinacea)도 새 꽃대를 올려 또다시 꽃을 피우려 하고 있습니다. 태풍은 새 생명의 잉태를 막을 수 없습니다.

에키나시아

결초보은의 전설을 간직한 풀

살다 보면 넘어질 때가 있습니다. 돌부리에 걸려 넘어지기도 하고 그루터기에 걸려 넘어지기도 합니다.

그리고 어릴 때는 친구들이 장난으로 길가에 묶어놓은 풀에 걸려 넘어지기도 했습니다.

우리도 이 풀을 길 곳곳에 묶어놓고 꼴망태를 메고 숨어서 간을 조리며 누가 넘어지나 하고 지켜보았죠.

여러분 생각나시죠? 길가에 가장 흔하면서도 질긴 그 풀.

질경이보다도 훨씬 질긴 풀.

땅에는 얼마나 강하게 착근해 있는지.

소가 걸려도 뽑히지 않고 그 덩치 큰 소를 뒤뚱거리게 했던.

아마 말이 걸려도 넘어지고 말 것입니다.

그 풀의 이름이 무엇인지 아세요? 그 풀의 이름을 어릴 적에는 몰랐습니다.

그렁입니다. 꾸부렁, 암그렁, 암크령이라고도 합니다. 그렁. 이 말은 '두 끝을 당기어 매다.'라는 의미의 북한 사투리 '그렁이'가 변해서 그렁이 되었다는 설이 있습니다. 그렁과 비슷한 것으로 각시그렁, 참새그렁, 능수참새그렁이 있습니다.

그령이 있는 길

  옛날 중국 춘추시대 진나라에 위무자(魏武子)라는 사람이 살았습니다. 그는 병이 들자 그의 아들에게 자신이 아끼고 사랑하는 첩을 개가시켜 순장(殉葬)을 면하게 하라고 유언을 하였습니다. 그러나 병세가 악화되어 정신이 혼미해진 위무자는 애첩을 자살하도록 하여 자신이 죽으면 함께 묻어 달라고 유언을 번복하였습니다. 위무자가 죽은 뒤 그의 아들 위과(魏顆)는 아버지가 정신이 혼미했을 때의 유언을 따르지 않고 그의 서모(庶母)를 개가시켜 순장을 면하게 해주었습니다.

  후에 위과가 전쟁에 나가 적과의 싸움에서 위태로울 때 그의 서모 아버지의 망혼(亡魂)이 나와 적군의 앞길에 풀을 잡아매었습니다. 이 풀에 적의 두목이 탄 말이 넘어졌고 적의 두목을 사로잡아 위과는 전쟁을 승리로 이끌게 되었습니다.

수크령

　결초보은(結草報恩). '풀을 묶어 죽어서라도 그 은혜에 보답한다.' 이 사자성어가 바로 위무자(魏武子) 고사에서 유래되었으며 그 풀이 그령입니다.

　그령은 사람들의 발길이 닿는 곳이면 어김없이 자랍니다. 그래서 질경이와 늘 함께 살죠. 이 풀은 사람의 발길이 닿지 않는 곳에서는 자라지 않습니다. 요즘은 논길조차 시멘트로 포장을 해 옛날보다는 흔하지 않지만 사람이 다니는 흙길이면 어디서든 볼 수 있습니다. 대신에 수크령은 사람의 발길이 약간 빗겨난 곳에서도 자랍니다.

　하! 수크령을 소개하지 않았군요. 그령이 암크령이라면 수크령은 숫그령에서 온 말입니다.

　암그령이 부드럽고 섬세하고 여성적이라면 수크령은 좀 억세고 거칠고 박력이 넘칩니다. 만발한 수크령꽃에 아침이슬이 내리고 햇살이 비추면 그 영롱함이 눈부신 아름다움을 연출합니다. 수크령에도 흰수크령, 붉은수크령, 청수크령이 있습니다.

태화강가에 그령을 찾아 나섰습니다. 길을 포장해 그렇게 흔하지는 않지만 드문드문 길가에서 사람들의 발길을 기다리고 있었습니다.

하천 정비 사업을 하면서 태화강전망대 건너편 강가에 심었던 수크령은 세월이 지나면서 지금은 갈대, 억새, 물억새, 달뿌리풀 등 다양한 벼과식물들에게 조금씩 자리를 내어주며 함께 어울려 살아가고 있었습니다.

태화강가의 갈대

지금 들길을 걷고 계신다면 그령과 수크령을 한번 찾아보시기 바랍니다. 쉽게 성공할 수 있을 것입니다.

태화강가 생태교란식물의 이해

해마다 지방자치단체에서는 생태교란식물 제거를 위해 난리를 치릅니다. 울산도 예외는 아니죠. 2019년 7월 12일 태화강정원이 국가정원으로 지정된 후 시에서는 국가정원 내 생태교란식물 현황을 조사했습니다. 그해 기준 생태교란식물 15종 중 국가정원과 그 주변을 위협할만한 곳에 살고 있는 종을 중심으로 이루어졌죠. 현재 환경부에서 지정·관리하고 있는 생태교란식물은 2019년에 지정된 환삼덩굴과 2020년에 지정된 마늘냉이를 포함해 총 16종입니다.

16종 중 태화강가 토종식물의 생태계를 위협할 우려가 있는 식물은 가시박, 돼지풀과 단풍잎돼지풀, 환삼덩굴, 미국쑥부쟁이, 가시상치 등이 있고, 생태교란식물로 지정은 안 되었지만 태화강가를 잠식하면서 토착식물을 크게 위협하는 종으로 우단담배풀이 있습니다.

단풍잎돼지풀

2020년 9월 3일과 7일 태풍 '마이삭'과 '하이선'이 연달아 울산을 강타했습니다. '마이삭'이 초속 46m로 울산을 할퀴고 지나간 뒤 선바위공원에 나갔습니다. 공원 내 수십 년 된 아카시나무들이 꺾이고 넘어졌습니다. 국가정원의 대나무들도 틀어지고 부러지고 넘어졌습니다. 울산에서 이렇게 나무가 심하게 꺾이고 넘어지는 것을 본 것은 처음입니다. 태풍이 지나간 바로 그 자리 9월 중순 선바위공원의 태화강쪽은 가시박이 가을의 따스한 햇살을 받으며 무섭게 번져가고 있습니다.

북미가 원산지로 1990년경 "안동오이"에 접을 붙여 줄기가 튼튼한 잡종을 만들기 위해 들여온 박과인 가시박. 악명 높은 공포의 식물 가시박. 가시박은 엄청난 번식력으로 다른 식물을 타고 올라가 그 식물이 질식해서 죽게 하고, 주변 식물의 성장을 방해하는 물질을 내어 자신을 제외한 다른 식물을 고사하게 만듭니다. 게다가 사람의 피부에 스칠 경우 피부발진을 유발하고 심지어 가축들의 피부마저 짓물러지게 하는 강한 독성을 가진 식물입니다.

선바위공원 가시박

그 다음으로 태화강가에서 개체수가 가장 많은 삼과인 환삼덩굴입니다. 논둑, 밭둑, 나대지, 물가, 길가 등 어디에서나 볼 수 있는 환삼덩굴은 이 땅에 보리가 유입될 적에 함께 유입되었다는 설이 있어 생태교란식물이면서 외래종이 아닌 토착식물이라 할 수 있습니다. 환삼덩굴도 번식력이 왕성해 다른 식물의 성장을 방해하며 큰 나무도 타고 올라가 고사시킬 정도로 위협적입니다.

특히 환삼덩굴의 꽃가루는 눈물, 콧물, 기침 등 알레르기성 비염 및 천식을 유발하므로 주의해야 합니다. 이렇게 흔하면서도 사람을 괴롭히는 환삼덩굴이 율초(葎草)로 불리는 약재로 쓰인다는 사실은 뜻밖입니다. 율초 300g 12,500원 (쿠팡), 율초 300g 8,500원 (G마켓). 이렇게 환삼덩굴은 율초라는 이름으로 팔립니다. 고혈압, 아토피, 수면장애, 두통 등에 좋다고 하네요.

태화강가를 잠식하고 알레르기성 비염, 결막염, 기관지 천식 등의 화분병을 일으키는 또 다른 악질 생태교란식물이 있습니다. 국화과인 돼지풀과 단풍잎돼지풀입니다. 돼지풀은 북미 원산으로 우리나라에는 1968년 이창복 교수에 의해 처음 보고되었고, 단풍잎돼지풀은 1950년 한국전쟁 당시 미군의 보급품을 통해 유입되었습니다. 돼지풀과 단풍잎돼지풀은 태화강의 상류에서부터 하류까지 광범위하게 생장 범위를 넓혀가고 있습니다. 하루빨리 퇴치되어야 할 생태교란식물입니다.

어릴 적 시골에는 가을 산야를 아름답게 꾸미는 들국화가 지천이었습니다. 그땐 모두 들국화였지만 지금은 쑥부쟁이와 구절초로 참으로 흐드러지게 피었습니다. 길 건너 언덕배기에는 감국과 산국인 노란들국화도 피었지요. 구절초와 쑥부쟁이는 분홍색이나 푸른색이었습니다. 그런데 1980년대 북미에서 유입된 하얀 쑥부쟁이가 나타났습니다. 국화과인 미국쑥부쟁이입니다. 이 하얀 쑥부쟁이가 우리의 토종식물의 생장을 방해한다고 생태교란식물이 되었습니다. 이렇게 귀여운 가을 국화가. 태화강국가정원에서도 여기저기서 예쁜 미국쑥부쟁이를 볼 수 있습니다.

미국쑥부쟁이

생태교란식물로 지정된 종은 아니지만 몇 년 전부터 상북면 산전교에서부터 망성마을 위쪽까지 강가를 잠식하고 심지어 울산·언양간 24번 국도 도로변까지 침범한 우단담배풀이 있습니다. 꽃도 예쁘지 않고 털에는 독성이 있어서 만지면 심한 가려움증을 유발합니다.

코로나19로 인해 태화강가의 생태교란식물 퇴치가 늦어지고 있습니다. 교란식물이 씨앗을 더 퍼뜨리기 전에 제거할 수 있는 방법을 찾아야겠습니다.

월계화를 아시나요?

개화기간이 가장 긴 꽃은 무엇일까요?

얼마나 오랫동안 꽃을 피울까요?

10월부터 이듬해 5월까지 무려 7개월간이나 꽃을 피운다면 여러분 믿겠습니까? 그런 꽃이 있습니다. 앞에서 소개했던 일명 겨울팬지(팬지)입니다. 국명은 삼색제비꽃(*Viola tricolor*)으로 색깔과 크기가 다양한 품종이 있습니다. 팬지는 내한성이 강해 남쪽 지방에서는 겨울에도 노지에서 얼어 죽지 않습니다. 추운 겨울을 이겨낸 팬지는 이듬해 더욱 아름다운 꽃을 피웁니다.

개화기간이 긴 겨울팬지 (삼색제비꽃)

화무십일홍(花無十日紅)이라. "아름다운 꽃이 열흘을 가지 못한다"는 말은 이제 옛말입니다. 인간의 품종개량에 대한 욕구는 끝이 없어 개화기간이 긴 많은 식물이 육종되었습니다.

　페튜니아(*Petunia*). 남미가 고향인 페튜니아. 페튜니아를 덩굴성으로 육종한 품종이 사피니아(*Petunia* Surfinia Series). 둘 다 현대 도시조경에 없어서는 안 될 품종으로 초여름부터 초가을까지 길게도 꽃이 핍니다. 여름 내내 다리 난간 위에서 피는 꽃 보셨죠. 이 밖에도 백일홍, 베고니아, 샐비어, 배롱나무 등도 적어도 백일동안은 꽃이 피는 종입니다.

　그런데 월계화(月季花 *Rosa chinensis*)란 말 들어보셨나요? 月季花. '달마다 꽃이 핀다.' 아니면 '계절마다 꽃이 핀다.' 한 그루의 나무에서 달마다 꽃이 피고, 계절마다 꽃이 핀다면 여러분은 믿으시겠습니까? 올가을에 공업탑로타리나 신복로타리, 문수공원, 그리고 도롯가에서 장미꽃이 핀 것을 본 적이 있으십니까? '봄과 여름에도 장미가 피었는데 가을에도 핀다.' '장미가 수시로 꽃이 핀다?'

월계화

이 장미는 어디서 온 것일까요? 원래 서양의 고유장미는 여름 한철에만 피는 여름장미였습니다. 일 년에 한번만 꽃을 피우는 장미를 고전장미(Old Rose)라 합니다. 반면에 중국과 한국에는 일 년에 여러 차례 개화를 반복하는 정원 장미가 있었습니다. 이를 중국에서는 월계화라 했으며 우리나라에서는 사계화(四季花)라 불렀습니다.

강희안은 그의 『양화소록』에서 "사계화는 세 가지 품종이 있다. 붉은 꽃이 음력 3월, 6월, 9월, 12월에 꽃망울을 터뜨린다"고 하였습니다.

또 "보통 꽃은 한 해에 두 번 필 수가 없지만, 이 꽃만은 사시(四時)를 독차지하여 환하게 꽃을 피운다. 꽃을 피우려는 마음이 잠시도 쉰 적이 없다"라고 하였습니다.

중국의 문헌에는 월계화에 대한 기록이 있습니다.

"월계화는 물이 흐르는 곳이면 곳곳에 자란다. 인가에서 자주 꺾꽂이로 심는다. 푸른 줄기나 긴 넝쿨이 붙어 있고 잎은 장미와 비슷하다. 잎과 줄기에 모두 가시가 나 있다. 꽃은 홍색, 백색, 담홍색 세 색깔이 있다. 달마다 한 번씩 꽃이 피어서 사계절 끊어지지 않는다. 장미의 한 종류이다."라고 하였습니다.

18세기 말 중국의 월계화가 인도를 거쳐 유럽에 전해집니다. 이 시기는 영국 등 유럽에서는 원예(園藝)에 대한 관심이 고조되면서 식물채집가(plant hunter)들이 동양의 희귀식물을 찾기 위해 혈안이 되어 있던 시기입니다.

1789년 동인도 회사에 근무하던 존 리브는 영국 런던의 이름난 정원가인 길버트 슬레이터(Gilbert Slate)에게 붉은색 월계화를 소개합니다. 후에 슬레이터스 크림슨 차이나 로즈(Slater's Crimson China Rose)로 명명되는 이 장미가 기록상 동양에서 서양에 전해진 첫 월계화 장미가 됩니다.

중국 월계화 장미 전시회장

 즉 월계화가 유럽으로 건너가 유럽의 고전 장미와 결혼해서 현대장미, 사계장미가 된 것입니다. 동양의 장미가 현대장미의 어머니인 셈이죠. 최근에는 월계화뿐만 아니라 여러 야생장미를 교잡시켜 육종가들은 수많은 사계장미의 품종을 개량하고 있습니다. 우리나라에서 자생하는 찔레꽃, 해당화, 인가목, 돌가시나무 등도 야생장미의 일종이죠. 베이징에서는 2016년 5월 세계 월계화 대회가 열렸는데 송이마다 특색이 다른 2,300여 종의 월계화가 선보였다고 합니다.

도롯가에서 5월이 아닌 여름과 가을에 장미가 보인다면 이 장미는 그 원종이 사계화나 월계화인 사계장미입니다. 중국에서는 주로 이 장미를 월계화라 부르지만 우리나라에서는 사계장미라 부릅니다. 정말 형형색색의 다양한 사계장미가 있죠.

조선시대 월계화   신사임당의 월계화

꽃씨 봉투

학교 예산 중에서 효율성이 제일 높은 항목이 뭘까요?

인건비, 학생복지비, 교육과정 운영비, 환경개선비 등에서. 저는 환경개선비 중에서 학교에 꽃을 심는 예산이 효율성이 가장 높다고 생각합니다.

학교에 꽃을 심으면 수백, 수천 명의 아이들, 선생님, 그리고 학부모님들께서 그 꽃을 볼 수 있습니다. 또 아이들이 그 꽃을 보고 자람으로써 꽃만큼이나 곱고 아름다운 심성을 가진 사람으로 성장하죠. 어릴 적 꽃밭에서의 아름다운 추억이 가슴속에 새겨져 평생 행복의 자양분으로 반추됩니다.

그뿐이겠습니까?

학교 정원의 꽃과 나무는 살아있는 학습교재입니다.

초등학교 전 학년에 걸쳐 교과서에 등장하는 꽃과 나무는 300여 종이 넘습니다. 교과서에 나오는 꽃과 나무를 학교에서 매일 보고 자란다고 생각해 보세요. 우리 아이들이 얼마나 행복하고 또 행복하게 자라겠어요.

꽃밭에서 놀고 있는 유치원 아이들

"교장 선생님 뭐해요?" 가을이 깊어갈 즈음 화단 구석에서 하얀 봉투를 들고 꽃씨를 따고 있으면 지나가던 아이들이 으레 하는 질문입니다. 꽃씨는 봉숭아, 백일홍, 해바라기, 코스모스, 샐비어 등 10여 종이 넘습니다.

가을에 내년의 봄과 여름을 준비하는 것입니다. 꽃씨를 따기 시작한 것은 종묘상에서 씨앗을 사다 파종을 했으나 아무리 물을 주어도 싹이 나지 않는 기다림, 그 이후입니다.

여러분! 꽃씨도 수명이 있다는 사실 알고 계시나요? 샐비어, 채송화, 과꽃 등은 씨앗의 수명이 불과 1년이죠.

샐비어

대부분 씨앗의 수명은 길어야 3년입니다. 수명이 지나면 싹이 나지 않습니다. 혹시 꽃집에서 수명이 지난 씨앗을 판다고는 생각하지 않으세요. 그러나 자신이 직접 채취한 씨앗은 물만 꼬박꼬박 주면 열흘 남짓이면 반드시 새싹을 볼 수가 있습니다.

화원에서 꽃모종을 사다 심으면 되는데 굳이 꽃씨를 노지에 심어 옮겨 심는 이유가 뭘까요? 싹을 어느 정도 키워 화단에 옮겨 심는 일은 고도의 집중력과 기다림이 필요합니다.

그리고 경험과 기술도 있어야 하죠. 모종삽으로 흙을 듬뿍 뜨지 않으면 심한 몸살을 하거나 혹시라도 약한 뿌리가 독한 거름에라도 닿으면 모종은 말라 죽고 맙니다.

그래서 요즘은 주로 포트에 상토(床土)를 넣고 모종을 키웁니다. 이렇게 하면 이식하기가 훨씬 편하죠. 그런데도 노지에 파종을 고집하는 이유는 노지에서 파종해 이식한 꽃이 포토에서 기른 것보다 훨씬 풍성하고 아름답게 자라기 때문이죠.

매발톱   패랭이꽃

이른 봄에 꽃을 보려면 한두해살이나 여러해살이를 심으면 좋습니다.

한두해살이인 꽃양귀비나 유채, 겨울팬지 등의 꽃을 보려면 10월을 전후해 파종을 하거나 꽃을 심습니다. 꽃양귀비나 유채는 가을에 싹이 나서 겨울을 나고 다음 해 봄에 꽃을 피웁니다.

겨울팬지도 겨우내 얼어 죽지 않고 겨울을 나서 이른 봄에 풍성한 꽃을 피우기 시작합니다. 여러해살이인 할미꽃, 금낭화, 매발톱, 패랭이꽃 등도 겨울을 나야 아름다운 꽃을 볼 수 있습니다.

꽃씨 봉투

봉숭아가 있는 정원

여름꽃과 가을꽃은 보통 4월쯤에 파종을 합니다.

저는 항상 4월 중순이 되면 설레는 마음으로 노지에 파종을 하지요. 여름꽃인 백일홍, 봉숭아, 메리골드, 해바라기 등과 가을꽃인 샐비어, 맨드라미, 코스모스 등을 함께 파종합니다. 심지어 여러해살이인 접시꽃, 미국부용 등도 함께 파종을 하죠. 파종을 하고 물은 하루에 한두 번 줍니다. 그러면 대부분은 열흘 남짓하면 싹이 올라오죠. 이 중 가장 싹이 먼저 올라오는 것이 해바라기와 백일홍입니다.

여름꽃이 가을꽃보다 싹도 먼저 올라오고 자라기도 잘 자랍니다. 가을꽃은 같은 날짜에 파종을 해도 싹이 늦게 올라오고 자라는 것도 느립니다.

여름꽃이든 가을꽃이든 다 때가 있습니다. 때가 되어야 자라기 시작되고, 꽃대도 곧추세우고 꽃을 피울 준비를 합니다. 백일홍과 봉숭아는 비슷한 시기에 꽃이 피지만 백일홍은 영양만 충분하면 가을 늦게까지 꽃을 피웁니다. 백일홍, 봉숭아, 해바라기는 여름꽃 삼총사입니다. 서로가 너무나 잘 어울립니다.

행복정원을 찾은 아이들

해바라기는 방울새를 떼로 불러 모으기도 하죠. 가을꽃인 샐비어, 맨드라미, 코스모스도 잘 어울리죠.

그럼 여름과 가을의 정원을 장식하는 예쁜 꽃 중에 우리의 고유식물은 무엇이 있을까요? 백일홍, 메리골드, 노랑코스모스, 해바라기 이 친구들은 모두 멕시코 쪽에서 이민을 왔습니다.

원예학회에서 2018년부터 백일초로 부르기로 한 백일홍은 1800년대 이전에 들어왔고 봉숭아와 접시꽃은 이미 삼국시대에 우리나라에 도입된 식물입니다.

우리의 정원에서 우리 고유식물을 찾기란 쉽지 않습니다. 우리

꽃씨 봉투

의 고유식물인 벌개미취, 뻐꾹나리, 금강초롱꽃 등이 원예종으로 개량되어 전 세계의 정원을 장식할 날을 기대해 봅니다.

해바라기 (테디베어)

달나라에 사는 나무

석남사에 가면 이 나무를 볼 수 있습니다.

구름다리를 건너 경내로 들어서면 대웅전 좌우로 이 나무가 있습니다. 대부분의 절에서 이 나무를 볼 수 있습니다.

무슨 나무일까요?

만리향(萬里香)입니다.

사람들은 이 나무의 꽃향기가 만리를 간다고 만리향이라 부릅니다. 이 나무가 학교정원에서 꽃을 피우는 10월이면 그 꽃향기는 온 교실로 쏟아져 들어옵니다.

그러나 만리향이란 나무는 없습니다.

이 나무가 바로 목서 중에서 금빛 꽃을 피우면서 향이 진한 금목서(金木犀)입니다. 목서 종류로 우리나라에는 금목서, 은목서, 구골목서, 박달목서 등이 있으며 그냥 목서라 함은 은목서를 가리킵니다.

목서(木犀). 이 말은 어디서 온 것일까요? 木(나무 목), 犀(코뿔소 서). 코뿔소 나무? 나무가 코뿔소처럼 생겼다? 의역하면 목서 종류의 나무껍질이 코뿔소 가죽과 거의 비슷한 데서 목서라는 이름이 나온 것입니다. 이제 목서를 만나면 그 수피를 잘 살펴보십시오. 그러면 코뿔소 가죽이 생각날 것입니다.

금목서 (金桂)　　　　　　　　은목서 (銀桂)

목서(木犀)로 이왕 왔으니 조금 더 들어가 볼까요? 중국에서는 목서를 계화(桂花) 또는 계수(桂樹)라고 부르고 꽃 색깔에 따라 金桂(금목서), 銀桂(은목서), 丹桂(홍목서) 등으로 구분합니다. 그리고 중국의 전설로 우리나라까지 전해진 달나라에 있다는 그 나무가 바로 목서입니다. 중국의 유명한 관광지인 계림(桂林)도 이 목서의 숲을 말합니다. 그 계림의 숲에 계화(桂花)가 만개하면 그 향기가 얼마나 대단하겠어요.

그럼 윤극영의 "반달", '계수나무 한 나무 토끼 한 마리'에 나오는 계수나무는 뭔가요? 여러분은 달나라에 살고 있는 계수나무를 어떤 나무로 상상하고 계신가요?

최근 아파트 조경 때 많이 심는 하트형 잎에 가을이면 노란 단풍이 드는 그 계수나무(*Cercidiphyllum japonicum*)를 생각하시나요? 이 나무는 일제 때 수입업자가 잘못 붙인 이름이 공식

화된 것으로 달나라 전설 속의 계수나무와는 전혀 관계가 없습니다. 전설 속 달나라의 계수나무는 바로 목서입니다.

서향 (천리향)

만리향이 있다면 천리향도 있습니다. 천리향 아시죠. 저도 천리향이 나무 이름인 줄 알았습니다. 이 또한 공식적인 나무 이름이 아닙니다. 국가표준식물목록에는 국명(추천명)으로 서향(瑞香)이라고 등록되어 있습니다. 강희안이 쓴『양화소록(養花小錄)』에도 서향으로 소개되고 있으며 조선의 선비들이 정향(丁香)나무와 많이 헷갈려 했던 나무이기도 합니다. 강희안의 화목구품(花木九品)중 사품(四品)에 올라있는 꽃입니다.

서향(瑞香)은 상서로운 향기를 뜻하면서 복되고 좋은 일이 생길 것만 같은 향기가 나는 꽃이라는 뜻입니다. 중국이 원산지이며 우리나라에는 제주도, 거제도, 군산 등의 바닷가 산기슭에서 볼 수 있고, 최근에는 우리나라 남부지방의 정원에서 많이 키우는 나무이며 3, 4월 이른 봄에 꽃을 피우며 진한 향기가 납니다.

ⓒ 박영호　　　　　백리향

그럼 백리향은 없을까요? 있습니다. 백리향은 국가표준식물목록에 국명이 등록되어 있는 꽃입니다. 백리향이란 향기가 발끝에 묻어 백리를 간다고 붙여진 이름입니다. 백리향은 꽃뿐만 아니라 잎에서도 향이 나며 한국의 희귀식물로서 취약종으로 분류되어 있습니다. 제가 강북청에서 키우던 꽃인데 최근엔 키우기 쉽고 번식도 잘되어 허브식물로 많이 재배합니다.

백리향이 있으니 당연히 십리향도 있어야 되겠지요. 있습니다. 우리는 사군자 중 난초를 십리향이라 부릅니다. 군자답게 그윽하고 은은한 향기를 냅니다. 칠리향과 오리향도 있습니다. 올봄 해질녘에 제주 해안가를 가족과 함께 산책을 하고 있었습니다. 어둠 속에서 어디선가 다정하고 은근한 향기가 우리의 발길을 멈추게 했습니다. 바로 칠리향인 다정큼나무였습니다.

오리향은 무슨 나무일까요? 배롱나무입니다. 배롱나무에 향기가 있다고요?

확인을 하러 갔습니다. 꽃송이를 가져다 코에 대니 은은한 향기가 사람의 기분을 좋게 했습니다.

다정큼나무 (칠리향)

꼭 화품이 높은 꽃이 아니어도 아카시나무, 밤나무 등 많은 식물들이 꽃향기를 냅니다. 사람들은 이 꽃향기를 즐기거나 유용하게 활용하며 때론 향기를 내는 식물을 음식으로 먹기도 합니다. 그러나 식물의 꽃향기는 그들에겐 생존을 이어가기 위한 수단입니다. 향기는 번식을 위해 벌, 나비와 같은 곤충들을 유혹합니다. 향기는 진할수록 좋고 멀리 갈수록 좋습니다.

춘추벚나무를 아세요

가을에 피는 벚꽃이 있다? 보신 적 있나요?

TV에서 봤다고요?

아니 이상기온 때문이라고요? 아니면 돌연변이라고요?

우리나라 국명이 춘추벚나무라? 그러면 꽃이 봄에도 피고, 가을에도 핀다는 뜻 아닌가요? 그렇습니다. 봄에 한 70%의 꽃이 피고 나머지 30%는 가을에 핍니다. 봄에는 한 보름 정도 피고, 가을엔 개화기간이 무려 10월부터 1월까지입니다.

춘추벚나무, 우리나라엔 천리포수목원이 1978년 영국 힐리어 (Hiller) 농장에서 한 그루를 들여와 심었습니다. 그 후 1988년 원광대를 시작으로 광릉수목원, 진해 농업기술센타 등에 보급되었습니다.

춘추벚나무 '아우툼날리스'   춘추벚나무 '엘레강스 미유키'

2009년 진해시는 전국에 산재한 벚꽃축제와 차별화를 위해 국내·외 희귀 벚나무 89종의 유전자원 확보를 통해 자체 생산한 춘추벚나무 6,800그루를 소죽도공원, 내수면 환경생태공원, 진해루 등에 심어 가을에도 벚꽃을 감상할 수 있게 군락지를 조성했습니다.

  현재 국가표준식물목록에 춘추벚나무는 춘추벚나무 '아우툼날리스'(*Prunus subhirtella* 'Autumnalis') 등 4종이 등록되어 있으며 영명으로는 Winter flowering cherry라고 합니다.

  가을에 피는 벚나무는 일본에도 있습니다.

  시월벚나무(十月櫻)라 부르는 이 벚나무는 원예품종으로 대부분 후지벚나무 계열로 알려져 있습니다. 단풍나무와 나란히 심어 단풍과 벚꽃을 동시에 감상할 수 있도록 배치한다고 합니다. 가을에 피는 벚나무는 네팔에도 야생종이 존재한다고 합니다. 기후 온난화와 함께 가을에 벚꽃을 즐길 날도 멀지 않았습니다.

  가을뿐만 아니라 겨울에 피는 벚나무도 있습니다.

  붉은겨울벚꽃(寒緋櫻, *Prunus campanulata*). 추위에 붉은 색 (緋:붉을 비)으로 피는 벚나무. 음력 설날에 피어서 설날벚꽃이라 부르며 중국남부에서 대만에 걸쳐 분포합니다. 종소명에서 알 수 있듯이 범종 모양의 꽃이 특징이라 중국에서는 '종꽃벚꽃'으로 불리며 1월부터 3월이 개화시기입니다.

붉은겨울벚꽃 한비앵(寒緋櫻)

그냥 겨울벚나무(寒櫻, *Prunus* x *kanzakura*)도 있습니다.

한비앵의 한 종류로 원산지는 중국이고 붉은겨울벚꽃(寒緋櫻)과 산벚나무의 교잡종으로 추정되며 2월부터 3월에 꽃이 핍니다. 여기 나오는 한자 앵(櫻)은 우리나라에서는 앵두를 나타내는 '앵두' 앵이지만 일본에서는 벚나무를 나타내는 '앵' 자입니다.

벚나무의 종류는 많습니다. 가장 대표적인 것이 우리나라 제주도와 전남 대둔산이 원산지인 왕벚나무, 팔만대장경 목판 60% 이상의 재료로 사용된 산벚나무, 봄에 가장 일찍 핀다고 이름 붙여진 올벚나무, 가지가 아래로 늘어지는 수양벚나무, 겹벚나무, 섬벚나무, 개벚나무, 꽃벚나무, 털개벚나무 등 원예종까지 더하면 300여 종이 넘습니다. 심지어 제주도 관음사 왕벚나무 자생지 주변에도 올벚나무, 산벚나무, 잔털벚나무, 섬개벚나무, 산개버찌나무, 한라벚나무 등이 살고 있으며 우리나라에만 16종의 벚나무가 살고 있는 것으로 알려져 있습니다.

벚나무 수명은 식생환경에 따라 차이가 있지만 재배종 일본산 왕벚나무 소메이요시노(일본재배종)가 70~80년 남짓이라면 산벚나무는 500년, 올벚나무는 2000년이 넘은 나무도 있습니다.

왕벚나무

그럼 우리나라에 벚꽃놀이 문화는 언제부터 생긴 것일까요? 조선의 봄꽃놀이는 진달래를 구경하고 전을 부쳐 먹는 화전놀이였습니다. 벚꽃은 근대 이전에는 우리 문화 속으로 들어온 적이 없습니다.

일제는 우리의 정신문화를 말살하기 위해 창경궁에 동물원을 만들고, 벚나무를 심었습니다. 창경궁의 벚꽃놀이는 1958년부터 1980년대 초까지 창경원 밤 벚꽃놀이로 지속되었습니다. 이후 이곳의 벚나무를 여의도 윤중로로 옮겨 지금의 윤중로 벚꽃길이 생긴 것입니다.

수양벚나무　　　　　　　　자카란다

　가지가 아래로 처지는 속칭 수양벚나무는 꽃이 피면 또 다른 벚꽃의 즐거움을 느끼게 합니다. 참, 우리나라에 벚나무로 잘못 알려진 나무가 하나 있습니다. '호주벚나무(호주벚꽃)'로 알려진 자카란다(*Jacaranda mimosifolia*)입니다. 원산지가 호주가 아니라 중남미입니다. 꽃이 예뻐서 다른 나라로 전파되었고, 호주에도 많이 심겨졌습니다. 호주에서 여름에 자카란다 꽃축제가 열려 저 이름으로 알려진 것으로 보입니다. 우스운 것은 장미과(벚나무속)가 아니라 능소화과에 속하는 나무입니다.

　지금 전국에는 벚꽃놀이 명소가 수도 없이 많습니다. 그리고 벚꽃 길은 늘고, 벚꽃을 보기 위한 상춘객(賞春客)도 늘어나고 있습니다. 무궁화놀이, 화전놀이가 아닌 벚꽃놀이가 늘어나고 있는 지금의 꽃 문화를 어떻게 생각해야 할까요?

겨울에 피는 꽃

길가에 화사한 꽃이 피었습니다. 붉은 꽃입니다. 삭막한 겨울. 12월에 무슨 꽃일까요? 선조들은 이 꽃이 반쯤 피었을 때 제일 아름답다고 했습니다. 동백(冬栢). 중국에서는 이를 산다(山茶 shān chá)라고 부릅니다. 우리나라에서는 산다 중에 겨울에 피면 동백, 봄에 피면 춘백(春栢)이라 불렀습니다.

지금 길가에 피는 동백이 있습니다. 사실은 이 동백은 동백이 아니라 애기동백(국명은 '애기동백나무'라고 합니다)입니다. 애기동백이라. 그럼 동백과 애기동백은 어떤 차이가 있나요?

애기동백

원래 동백은 꽃도 예쁘고, 잎도 예쁩니다. 이게 문제입니다. 꽃이 필 땐 잎이 져 주고, 잎이 필 땐 꽃이 져 주어야 조화가 이루어져 둘 다 예쁠 텐데. 둘 다 잘났다고 한꺼번에 버티고 있으니 아이가 어미를 업은 격입니다. 그래서 사람들은 잎이 작은 동백을 찾았습니다. 동백과 애기동백의 첫 번째 차이점은 애기동백은 잎이 애기처럼 작다는 것입니다.

차이점 둘, 애기동백은 11월 초쯤부터 꽃이 피어 이듬해 1월 말까지 꽃을 감상할 수 있는 반면, 동백은 1월부터 꽃이 피어 4월까지 꽃이 피니 개화시기가 다릅니다.

차이점 셋, 애기동백은 꽃잎과 수술이 벌어지고, 동백은 꽃잎과 수술이 모여 있습니다. 그리고 애기동백은 꽃잎도 통으로 떨어지지 않고 하나씩 떨어집니다. 그러니 11월에 동백이 피고 꽃잎이 벌어져 있으면 이것은 분명 애기동백입니다.

애기동백의 학명은 카멜리아 사상콰(*Camellia sasanqua*)로 원산지가 일본의 중부 이남입니다. 야생 애기동백의 꽃색은 옅은 복숭아색인데 비해 재배되는 개량종은 빨강, 분홍, 흰색 등의 다양한 색에 수많은 원예품종이 있는 것으로 알려져 있습니다.

우리 선조들은 새해 첫 꽃 기행을 남도의 꽃 동백을 찾아 나서는 것이었습니다. 정월 초하루에 볼 수 있는 꽃은 동백이 유일하기 때문이죠. 강진 만덕산 백련사(白蓮寺)의 동백이 아름다울까요? 해남 대흥사 장춘동(長春洞)의 동백이 아름다울까요? 이는 종류도 다양하고, 꽃이 누구를 만나느냐에 따라 다르니 우리가 직접 꽃 기행을 가서 느끼는 수밖에요.

벌과 나비만 꽃을 찾는 것은 아닙니다. 벚꽃놀이, 무궁화놀이, 유채놀이 등 우리 사람들도 꽃이 있으면 꽃을 찾아 즐깁니다. 봄엔 벚꽃놀이, 여름엔 무궁화놀이, 가을엔 단풍놀이가 있는데 겨울엔 무슨 놀이가 있지요? 겨울 꽃놀이가 있습니다. 바로 동백꽃놀이입니다.

신안의 압해도 송공산(宋孔山)에 가면 한겨울 눈 속에서 5천여 그루의 애기동백이 활짝 피어 12월의 관광객을 유혹합니다. 여기뿐만 아닙니다. 서귀포의 위미리 동백나무 군락지에도 40여 년 자란 애기동백 군락지가 있으며, 카멜리아힐에는 6만평 부지에 80여 개국의 동백나무 6,000여 그루가 제주의 겨울 관광객에게 아름다운 향기로 발길을 모으고 있습니다.

신안 송공산의 애기동백   카멜리아힐의 동백

울산은 어떤가요? 동백꽃 피는 남도에서 울산을 빼면 섭섭하지요.

왜냐구요? 오색팔중동백(五色八重冬栢). 다섯 가지 색깔의 꽃이 물감이 번지듯 여덟 겹으로 피는 이 아름다운 꽃이 울산에 자라고 있기 때문입니다. 이 동백은 울산시청, 울산 학성초등학교, 울산 미포초등학교, 중구청 등에서 자라고 있습니다. 임진왜란 때 왜장 가토 기요마사(加藤淸正 가등청정)가 일본으로 가져가 도요토미 히데요시(豊臣秀吉 풍신수길)에게 바친 꽃으로 알려지기도 했습니다. 1992년 일본 교토 지장원(地藏院)에 자라는 이 동백을 울산시청 정원에 옮겨 심는 행사를 하기도 했습니다. 그리고 울산농업기술센터에서는 2012년 삽목을 하여 2013년 증식에 성공했습니다.

울산시청 정원에 핀 오색팔중동백

뿐만 아닙니다. 울산엔 남산 은월봉 아래 이휴정(二休亭)이 있는 그 주변에 장춘오(藏春塢)라는 마을이 있었습니다. 감출 장(藏), 봄춘(春), 마을 오(塢). 봄을 감추어 놓았다가 겨울이 오면 그 봄을 쫙 펼치는 마을이죠. 고려말 문신인 정포(鄭誧 1309~1345)가 쓴 〈울주팔영(蔚州八詠)〉에는 이곳에 온갖 향기로운 풀이 무성하고, 붉은 꽃, 흰 꽃이 산자락에 가득하다고 했습니다. 이 붉은 꽃이 무슨 꽃이겠습니까? 산다(山茶). 바로 동백꽃이죠. 고려시대엔 울산 태화강가에 매화, 동백이 가득했는데 지금 그 꽃들이 다 어디로 갔죠?

울산 태화강가에 동백동산을 만드는 것입니다. 12월에 만발하는 애기동백으로 산책길을 만들고, 가운데엔 오색팔중동백을 심습니다. 그 주변엔 『양화소록』에 나오는 단엽홍화, 단엽분화, 천엽동백 등 우리 동백과 전 세계에 있는 아름다운 동백은 다 심는 것입니다. 그리고 군데군데 향기 나는 동백을 심어 오는 이의 발길이 떠나지 못하게 하는 것입니다. 어디에 만든단 말이요. 태화강 대공원 작약밭에 만들면 좋겠습니다. 당나라 어느 시인은 어떤 귀족집의 동백나무가 탐나서 자신의 첩과 바꾸었다고 합니다. 시대와 풍속이 바뀌어 이제는 그럴 수도 없지만 그 귀족집의 동백나무를 태화강가에서 맘껏 보았으면 좋겠습니다.

정원 식구들의 겨울나기

식물들은 어떻게 그 추운 겨울을 날까요? 얼어 죽지 않고. 알다시피 1년생 초화류는 모두 서리가 내리면 노지에서는 말라 죽고 맙니다. 죽으면서 씨를 남기죠. 그러니까 한해살이식물은 씨로 겨울을 난다고 할 수 있지요. 그럼, 두해살이식물은 어떨까요?

두해살이식물은 여름이나 가을에 싹이 나서 추운 겨울을 노지에서 넘기고 이듬해 꽃을 피웁니다. 양귀비는 10월 10일을 전후해 파종합니다. 파릇파릇한 싹이 난 채로 노지에서 겨울을 납니다. 보리도 마찬가지죠. 두해살이식물은 더욱 모진 겨울을 나야 더 아름다운 꽃을 피울 수 있습니다. 많은 두해살이식물은 푸름을 간직하고 잎을 바닥에 딱 붙인 채 겨울을 납니다. 이를 로제트 식물(Rosette plant)이라고 하는데, 땅바닥에 딱 엎드려 있는 모양이 장미꽃을 닮아서입니다. 냉이, 질경이, 민들레, 꽃다지, 개망초, 달맞이꽃 등이 이에 해당됩니다.

로제트식물 (달맞이꽃)

자세히 보면 황량한 겨울에도 살아있는 많은 식물들을 볼 수가 있습니다.

나무는 어떨까요? 나무는 날씨가 추워지면 먼저 물을 버립니다. 그리고 나무속 영양분을 지키기 위해 잎을 말려 떨어뜨리죠. 밤 기온이 영하로 떨어지면 뿌리는 수분 흡수를 멈추고, 세포 속의 물조차 밖으로 밀어냅니다. 세포 밖으로 나온 수분은 얼음결정체를 만들어 세포를 보호하죠. 얼음이 일종의 단열제 역할을 합니다. 세포 안에서도 당도를 높여 결빙온도가 낮아지게 합니다. 이렇게 하여 온대지방의 낙엽수와 과수는 영하 40도까지 견딜 수 있습니다. 물론 나무껍질이 사람의 옷처럼 나무 속살의 보온역할도 하죠.

정원엔 겨울나기가 꼭 필요한 식물들이 있습니다. 국화과 다알리아(*Dahlia*)는 정원에 없어서는 안 되는 존재감 있는 꽃이죠.

다알리아

문제는 월동입니다. 두 가지 방법이 있습니다. 하나는 뿌리를 캐서 실내에 보관하는 방법이고, 하나는 뿌리를 땅속에 더 깊게 묻어주는 방법입니다. 뿌리를 캐서 실내에 보관할 땐 박스에 톱밥과 함께 넣고 너무 건조하지 않도록 해 주어야 합니다. 땅에 묻을 때는 겨울철에 무를 땅속에 저장하듯이 수평에서 30cm 깊이를 파서 묻고 땅 위도 30cm 가량 흙을 덮어 주어야 합니다.

이듬해 4월쯤 다시 캐어 제자리에 바르게 심어 주면 가을까지 아름다운 꽃을 볼 수 있습니다. 다알리아를 키울 땐 순자르기를 해 키를 낮추어 주는 것이 좋고, 항상 지지대를 세워 줄기나 꽃대가 넘어지지 않도록 해 주어야 합니다. 요즘 개량종은 남부지방에서는 노지에서 월동이 되는 것도 많이 있습니다.

가지과인 천사의나팔(*Brugmansia*) 아시죠? 학교에도 현관 앞에 떡하니 두어 그루 서 있으면 여름 내내 향기와 함께 아름다운 꽃을 볼 수 있습니다. 꽃이 활짝 가득 피면 장관이죠.

천사의나팔

천사의나팔 또한 월동이 문제입니다. 겨울에는 내년도 수형을 생각하면서 가지를 어느 정도 잘라 실내에 보관해야 합니다. 올 여름 내내 꽃을 본 천사의나팔을 삽목한 새끼 천사의나팔과 함께 현관에 들여놓았습니다. 내년 봄 더 큰 화분이나 노지에 거름 듬뿍 넣고 뿌리와 가지를 전지한 다음에 심으면 멋진 작품을 감상할 수 있을 것입니다. 천사의나팔은 독성이 있어 만지거나 섭취하지 않도록 주의해야 합니다.

또 월동을 시켜 내년에도 꼭 꽃을 보고 싶은 탐나는 식물이 있습니다. 분꽃과인 부겐빌레아(*Bougainvillea*). 4월이면 정말 화려하게 꽃을 피우죠.

부겐빌레아

이 친구는 제가 정원에 들인 후 월동을 시키려고 가장 애를 썼던 식물입니다. 아열대식물 부겐빌레아. 노지에서 월동시킬 방법을 연구했죠. 정원에 심겨진 채로 비닐집을 만들어 주었습니다. 비닐집을 만들고 뚜껑도 만들었죠. 따뜻한 겨울날 뚜껑을 열어 통풍을 시킬 생각이었습니다. 비닐집에 톱밥도 넣었죠. 아하! 그러나 얼어 죽고 말았습니다. 톱밥에 물기가 있었나 봅니다. 담요로 비닐집을 둘러 보온을 했으면 살았을까요? 이듬해엔 화분에 심어 교장실로 넣었습니다.

열대성 식물. 꽃은 화려하지만 겨울나기를 하려면 번거롭습니다. 애정이 필요합니다. 월동에 꼭 성공해 여름 내내 아름다운 정원을 감상하시기 바랍니다.

'으악새' 우는 가을

'으악새' 우는 가을입니다.

여러분! 으악새 본 적 있으신지요? 저는 거의 매일 으악새를 봅니다. 지난 주말 태화강국가정원에서도 보았지요. "아아 으악새 슬피 우니 가을인가요. 들녘에 떨고 섰는 임자 없는 들국화. 바람도 살랑살랑 맴을 돕니다." 고복수 선생의 '짝사랑' 가사의 일부분입니다. 이미 아시는 분은 아시겠지만 이 가사에 나오는 으악새는 날아다니는 새가 아닌 산야에 자라고 있는 억새입니다. 억새 아시죠. 잎과 줄기가 억세다고 억새라는 이름을 얻었습니다.

태화강의 물억새

으악새 슬피 우는 소리는 억새가 가을바람에 몸을 부딪치며 내는 소리를 표현한 말입니다. 으악새는 억새의 경기도 방언으로 억새가 만발한 가을을 멋지게 표현한 노랫말입니다. 으악새 우는 소리는 억새의 암술과 수술이 서로 사랑을 나누는 소리입니다.

억새. 억새가 태화강국가정원에 산다고요. 아내와 함께 국가정원에 갔습니다. 오산 만회정을 지나 태화강전망대가 바라다 보이는 십리대숲의 강가를 거닐었습니다. 따스한 가을 햇살에 강에서는 물고기들이 떠올라 일광욕을 즐기고 하중도와 강가엔 갈대들이 산들바람에 하늘거리고 있습니다.

물가엔 갈대가 살고 그 바깥쪽엔 물억새가, 더 바깥쪽엔 달뿌리풀이, 그리고 군데군데 억새가 자라고 있습니다. 제일 바깥쪽엔 수크령이 자라고 있습니다. 아내는 수크령을 보고 큰 강아지풀이라고 했습니다. 이들은 생태교란식물처럼 다른 식물을 못살게 굴진 않습니다. 서로 자리를 나누어 사이좋게 살고 있죠.

강 따라 물 따라 대밭을 돌아드니 물억새가 열녀강 주변에 은빛 찬란하게 빛나고 있습니다. 고개를 은월봉으로 돌려도 물억새 이삭이 남산 12봉과 나란히 줄지어 빛나고 있습니다.

태화강의 물억새는 참으로 장관입니다. 천하제일입니다. 그런데 억새면 억새지. 물억새는 또 뭐죠. 구분하기 참 어렵습니다. 보통 억새는 산야에서 살고 물억새는 물가에서 산다고들 합니다. 제가 보니 그러네요. 물억새는 이삭이 흰빛이 돌고, 억새는 붉은빛이 돕니다. 그래서 억새를 자주 억새로 부르자고 하는 사람도 있습니다.

　머리 아프시죠. 더 머리 아픈 것 한번 이야기해 볼까요? 국가표준식물목록에 등재되어 있는 억새의 종류가 몇 종인지 아세요. 참억새, 물억새, 억새, 금억새, 개억새 등 무려 39종이나 나옵니다. 그중에 17종이 산야에 자라고 있는 자생식물입니다. 그리고 나머지 22종은 재배식물입니다. 물억새만 해도 3종이나 되죠. 물억새, 가는잎물억새, 넓은잎물억새. 그러니 억새, 물억새, 개억새, 갈대, 달뿌리풀만 구분해도 대단한 것입니다.

개억새

　태화강국가정원에 개억새는 보이지 않습니다. 개억새는 주로 산에서 삽니다. 어릴 때 하도 많이 가지고 놀아 개억새의 실부엣만 보아도 정감이 확 옵니다. 여름날 오후 아이들은 산에 소 먹이로 갑니다. 개억새가 이삭이 피려고 배동이 서면 그 줄기를 뽑아 댕댕이덩굴로 묶어 아이들은 총을 만듭니다. 총을 어깨에 메고, 손에 들고 온 산을 누비며 총놀이를 하죠.

달뿌리풀은 국가정원 강가에서 보입니다. 달리는 뿌리를 가진 풀이라 하여 달뿌리풀이란 이름을 얻었습니다. 이 달뿌리풀은 하천의 상류에서도, 중류에서도 심지어 하류에서도 볼 수 있습니다. 모래나 자갈이 있는 강가에서는 줄기 마디마디에서 뿌리가 나죠.

노란 국화밭을 지나 부용아씨들이 사는 곳으로 향합니다. 샛강의 다리를 건너 오산못 쪽으로 고개를 돌리니 이름도 생소한 팜파스그라스(pampasgrass)가 하늘 높이 솟아 있습니다.

팜파스그라스라. 남미의 초원지대인 팜파스가 고향인가? 원산지를 찾으니 남미가 확실합니다. 남미의 초원지대에 살던 대형 풀(억새)이 그 인기에 힘입어 태화강국가정원까지 왔습니다. 핑크뮬리(분홍억새)와 함께 최근에 가을 여행지에서 인기짱입니다. 그리고 보니 국가정원에도 핑크뮬리가 팜파스그라스를 둘러싸고 호위를 하고 있군요.

핑크뮬리는 2014년 제주 휴애리에 처음 식재되었는데 뮬리(muhly)가 쥐꼬리새류를 말하니 분홍쥐꼬리새라고 부르기도 합니다.

오산 못에서 뿜어내는 분수, 대숲, 파란 하늘, 팜파스, 핑크뮬리가 어우러져 아름다운 풍경을 만들고 사람들은 그 풍경을 배경 삼아 추억을 담기에 바쁩니다. 문제는 핑크뮬리를 2019년 국립생태원에서 생태계 위해성 2급으로 지정했다는 것입니다. 위해성 2급이란 토종생물 생육에 지장을 주고 환경을 파괴할 염려가 있어 지속적인 관찰이 필요하다는 것이죠.

보기 좋다고 팜파스그라스나 핑크뮬리를 유원지에 무분별하게 심다 보면 우리 토종 억새와 팜파스, 그리고 핑크뮬리가 우리 땅 야생에서 자리싸움을 벌일 날이 올지도 모르죠. 머지않아.

붉은색 팜파스그라스　　　　흰색 팜파스그라스

핑크뮬리　　　　쥐꼬리새

순우리말로 된 식물 이름

히어리는 지리산의 깃대종입니다. 지리산 깃대종인 히어리와 순우리말로 된 식물을 알아보기 위해 문제를 하나 내겠습니다.

※ 다음 중에서 순우리말로 된 식물의 이름이 아닌 것은?
① 히어리 ② 얼레지 ③ 이스라지 ④ 히초미

정답을 찾으셨나요? ①번 "히어리"를 볼까요? 히어리는 우리나라에만 자라는 특산식물입니다. 히어리의 학명은 '코릴롭시스 코레아나(*Corylopsis coreana*)'이고 영어 이름은 'Korean winter hazel'입니다. 여기서 속명인 코릴롭시스(*Corylopsis*)는 개암나무를 닮았다는 뜻이고, 코레아나(*coreana*)란 한국에서 처음 발견되었다는 뜻입니다. 영어 이름인 헤이즐(hazel) 또한 개암나무란 뜻이며, 전체적으로는 한국의 겨울 개암나무란 뜻을 가지고 있습니다. 히어리 잎을 보면 개암나무의 잎과 꼭 닮아 있습니다.

일제강점기에 우리나라에서 활동한 일본 식물학자 우에키 호미키(植木秀幹 1882~1976)가 1910년 지리산 송광사 주변에서 처음 발견하여 '송광납판화(松廣蠟瓣花)'라 이름 붙이고 1924년 학계에 발표했습니다. '납판화'란 꽃잎이 밀랍처럼 생겼다는 뜻으로 히어리와 비슷한 일본식물을 납판화라 부릅니다. 일본 납판화와 비슷한 식물이 송광사 부근에서 발견되었으니 송광납판화라 부른 것입니다. 이후 1966년 우에끼의 제자인 이창복 교수가 한국수목도감을 만들면서 송광납판화를 전남지방 방언인 히어리라는 새 이름으로 등록하면서 히어리라는 식물명이 탄생한 것입니다. 외래어에서 유래된 이름이 아니니 정답은 아닙니다.

이 히어리는 우에끼가 지리산에 오기 오래전부터 낙랑공주가 떨어뜨리고 간 귀걸이 같은 꽃을 달고 지리산 일대 여기저기서 살았습니다. 오리마다 심는 오리나무, 이십리마다 심는 시무나무 등과 같이 십오리마다 심겨지는 이정표 나무 시오리나무라는 아름다운 우리 향명(鄕名)으로 살아왔습니다. 지리산뿐만 아니라 경기도 광교산에도, 강원도 백운산에서도 살고 있었습니다. 잘 살고 있는 우리의 아름다운 특산식물이 이름도 어려운 '송광납판화'가 된 것입니다. 시오리의 방언인 히어리로 불리게 된 것은 다행이라 생각해야 할 것입니다.

히어리

①번 히어리가 정답이 아니면 ②번 얼레지는 어떨까요? 4월이 오면 천성산 무지개폭포와 원효폭포를 오르는 갈림길 초입 계

곡에는 새색시들이 연지곤지 찍고 건너편 언덕의 진달래를 유혹합니다. 꽃말처럼 봄바람이 났는지 모릅니다. 매력적이고 이색적입니다. 무리지어 피는 얼레지입니다.

얼레지는 순우리말입니다. 피부병의 일종인 '어루러기'에서 유래된 말입니다. 어루러기는 얼레지의 잎에 나 있는 무늬와 같은 반점들이 피부 곳곳에 생기는 곰팡이 질환입니다. 얼레지는 잎의 얼룩무늬에서 생긴 순 우리 고유어입니다. ②번도 정답이 아닙니다.

이스라지   얼레지

그럼 ③번 이스라지는 외래어에서 온 이름일까요?

이스라지는 우리나라 전국의 산야에서 자생하며 산앵도나무, 산이슬나무라고도 합니다. 열매의 모양이 이슬을 닮은 것에서 이름이 유래되었으며 산앵도의 함경도 방언이 이스라지라고 합니다. 벚나무속으로 학명(學名)은 '프루누스 야포니카 나카이(*Prunus japonica* var. *nakaii*)'입니다. 프루누스(*Prunus*)는 서양자두나무의 고대 라틴명에서 유래하며, 야포니카(*japonica*)는 일본에서 발견되었다는 뜻이며, 변종 종소명 나카이(*nakaii*)는 아시다시피 일본인 식물학자 나카이 다케노신을 말합니다. 그런데 이스라지는 일본에는 나지 않으며 우리나라와 중국에만 자생하는 식물입니다. ③번 이스라지도 정답이 아니군요.

④번 히초미는 정답일까요? 들어 보셨나요? 이름이 예쁘지요. 히초미는 관중(貫衆)의 순우리말입니다. 원산지가 우리나라이며 우리나라 각처의 산지에서 자라는 여러해살이 양치류입니다. 관중은 잎을 활짝 편 모양이 마치 과녁에 꽂힌 화살같이 보여서 관중이라 부릅니다. 히초미란 이처럼 아름다운 순우리말을 두고서 왜 굳이 관중이란 어려운 한자말을 쓰는지 모르겠습니다.

결론적으로 말하면 정답이 없군요. 왜 정답이 없는 문제를 냈을까요? 이 밖에도 마타리, 고치미(고비), 모데미, 어수리, 비비추 등 외래어 같지만 순수한 우리말로 된 식물 이름이 수도 없이 많다는 것을 강조하기 위해서입니다. 예쁘고 아름다운 순우리말의 식물 이름이 더 많이 생겼으면 좋겠습니다.

관중 (히초미)

태화강가에 자리 잡은 귀화식물

생태탐사를 하고 있었습니다.

2010년 '생태탐사-생명의 회야강'이란 주제로, 4월의 어느 봄날 울산광역시 울주군 웅촌면 통천리입니다. 투망을 추스르다 바라본 강가에는 온몸에 하트 문양을 한 십만 병사가 나에게 달려왔습니다. '저게 뭐지?' 투망을 놓고 달려가 마주 대하니 강 가장자리에 자주색 식물이 가득합니다.

자주광대나물입니다. 이 식물은 잎이 자주색을 띠고 코딱지나물이라고도 불리는 광대나물을 닮아 자주광대나물이라 부릅니다. 1996년 제주도에서 처음 발견된 이후 중부이남 지역의 둔치, 길가, 논둑 등에서 자랍니다. 유라시아 대륙에서 이사 온 후 급속도로 번져가고 있는 귀화식물입니다.

외국이 원산지인 식물이 우리나라로 들어와 야생에서 스스로 번식하며 살아가는 식물을 귀화식물이라 합니다. 우리가 잘 아는 귀화식물에는 개망초, 자운영, 달맞이꽃, 코스모스 등이 있습니다.

반면에 장미와 튤립 같은 식물은 흔한 식물이지만 스스로 야생에서 살아가지 못하고 사람의 손을 거쳐야만 살아갈 수 있습니다. 이러한 식물을 재배식물이라고 합니다.

국립수목원 자료에 따르면 우리나라에는 자생식물이 4,170여

종, 재배식물이 10,200여 종, 19세기 전후 외래문물과 함께 우리나라에 들어 온 귀화식물이 320여 종 등 총 15,000여 종의 식물이 우리와 함께 살아가고 있습니다.

ⓒ 반정규　　　자주광대나물

 4월 13일, 26일에 있을 우리 아이들의 태화강 100리길 걷기를 대비해 사전 현장답사를 나갔습니다. 문수고 뒤쪽에 차를 세우고 강가로 내려서니 자전거길 주변에도 온통 자주광대나물입니다. 이제 자주광대나물은 태화강에도, 회야강에도, 외황강에도 그 주변에 당당하게 자리를 잡고 울산 식물의 가족으로 살아가고 있습니다.

 2013년 4월 29일, 척과천입니다. 한창 탐사를 하는 데 강 가장자리에서 이름 모를 꽃이 나를 유혹합니다. 반하지 않을 수 없습니다. 양귀비도 아닌 것이, 유채도 아닌 것이, 무꽃도 아닌 것이 푸른빛을 띤 자주와 보라가 섞인 오묘한 색의 꽃. 색동옷을 입은 양귀비가 마치 우아하게 춤을 추는 듯합니다.

　소래풀입니다. 소래포구에서 처음 발견되어 소래풀이라고 부릅니다. 양귀비목 십자화과로 제갈채(諸葛菜), 보라유채, 제비냉이 등 다른 이름도 많습니다.

　이 소래풀을 사천성 일대에서는 제갈채라 부릅니다. 이는 제갈량이 전쟁터에 주둔할 때 가장 먼저 시킨 일이 주변의 빈 땅에 이 소래풀을 심게 했다는 데서 유래되었습니다. 군량미를 전장에서 조달한 셈인데 7가지의 장점을 들고 있습니다. 1. 식량 대용이 가능하고, 2. 날 것으로 먹어도 되고, 3. 솎아 먹을수록 잘 자라고, 4. 오래될수록 잘 번식하며, 5. 이동 시에 버리고 가도 아깝지 않고, 6. 겨울에도 잘 자라며, 7. 요리법이 다양하다는 것입니다. 이 밖에도 무 종류라 소화도 잘 될 것 같고, 병사들이 무거운 군량미를 옮기는 노고도 좀 들어줄 것 같습니다. 꽃말처럼 제갈공명의 병사들에 대한 '변함없는 사랑'과 '넘치는 지혜'를 보는 것 같습니다.

소래풀

소래풀은 중국이 원산지로 안양천, 탄천 뚝방 등 전국의 하천가에 자생하고 있습니다. 때로는 조경용으로 심기도 합니다. 우리나라에는 소정방이 백제를 칠 때 가져온 식물이라는 설이 있으나 정확한 것은 알 수 없습니다. 비록 귀화식물의 신세이지만 갓꽃과 함께 4월의 태화강 백리길 1구간을 장식해도 좋을 것 같습니다. 4월 태화강가에 노랗게 핀 꽃을 사람들은 유채꽃이라고 하지만 알고 보면 거의 대부분 야생 갓꽃입니다. 갓도 원산지는 중국입니다.

갓꽃이 질 무렵 태화강을 가득 메우는 또 다른 식물이 있다. 물냉이와 물칭개나물입니다. 갓꽃이 강가에 핀다면 물냉이와 물칭개나물은 물이나 물가에서 자랍니다. 물에서 자라는 냉이이니 물냉이이고, 물과 친한 나물이니 물칭개나물이 되었다고 하기도 하고 물가에서 자라고 지칭개와 비슷한 나물이라는 설도 있습니다. 물칭개나물이야 자기 고향에 사는 식물이니 뭐라 할 수 없고 물냉이는 유럽이 원산지인데 광복 이후 국내에 유입되어 전국의 하천에서 급속도로 번져가고 있습니다.

태화강에 강 속에서는 배스와 블루길이 우리 토종 물고기를 잡아먹는 동안 강가에서도 외래종인 귀화식물들이 자리를 넓혀가고 있습니다. 특히 가시박, 돼지풀 등 생태교란종 식물들도 늘어나고 있습니다. 태화강 주변의 귀화식물과 생태교란종, 그리고 우리 자생종에 대한 체계적인 연구와 관리가 필요할 때입니다.

꽃에 미친 선비

　꽃에 미친 선비가 있었습니다. 조선 시대 꽃에 미친 선비가 있었습니다. 그때나 지금이나 꽃에 미친 사람이 한두 명은 아닐진대. 제대로 곱게 잘 미친 선비가 있었습니다.

　백매원(百梅園), 백화암(百花菴).

　백매원이라. 백매, 홍매, 황매, 청매와 수양매, 능수매, 흑룡매, 운룡매 등 온갖 매화 백 그루를 심어 놓고 그윽한 꽃향기를 기다립니다. 봄을 기다립니다. 거기에다가 만첩홍매, 만첩홍도, 만첩백도 몇 그루 더 섞이면 금상첨화이겠지요.

　그럼 백화암(百花菴)은 무엇인가요? 암자라고요. 아닙니다. 미친 선비가 푸른꽃, 노란꽃, 붉은꽃, 흰꽃 등 온갖 꽃을 심어 꽃 속에서 세월 가는 줄 모르고 지낸 초막(草幕)이 있는 정원(庭園)입니다.

　큰 것은 땅에 심고, 작은 것은 화분에 담아 꽃밭을 일구었습니다. 마당 가에는 파초를 심고 괴석(怪石)을 두어 명산을 연출하고 그 사이사이엔 소나무와 대나무를 심었습니다. 연못에는 연꽃이 떠 있고, 연못 가운데 석가산(石假山)에는 소나무가 있습니다. 봄에는 복사꽃, 여름에는 석류, 가을에는 국화, 겨울에는 매화 등 일 년 내내 날마다 꽃이 피어났습니다.

　백화암. 미친 선비가 황해도 배천군 서해 바닷가에 거처를 마련하여 백화암이라 이름 짓고 평생 그곳에서 살았습니다. 미친 선비가 바로 그 유명한 『화암수록(花菴隨錄)』의 저자 유박(柳璞:1730~1787)입니다.

석가산 (石假山)

유박은 문화 유씨(文化 柳氏)로 집안은 원래 소북계열의 명망 있는 가문이었으나 1623년 인조반정과 1628년 유효립(柳孝立)의 역모사건으로 가문이 몰락하고 벼슬길에 나가지 못했습니다. 『화암수록』은 조선 초기 강희안의 『양화소록(養花小錄)』과 함께 조선 시대 2대 원예전문서로 알려져 있습니다.

유박은 기화요초(琪花瑤草)를 다 갖추고 남들이 거들떠보지 않아도 홀로 꽃 속에서 즐거워했습니다. 청산을 바라보다 솔바람 소리에 잠이 들고, 달빛을 벗 삼아 책 읽으며 거문고 연주를 하였습니다.

유박은 외국에서 새로운 화훼(花卉)가 들어오면 천금을 주고도 사려고 하였습니다. 실제로 유박은 그의 시에서 백금(백냥)을 주고 시장에서 왜인에게 왜석류를 사고 왜석류를 판 왜인이 아쉬워하는 모습을 그리고 있습니다.

그럼 100냥은 현 시세로 얼마나 되는 돈일까요? 시대에 따라 1냥의 가치는 다르지만 18세기 후반 1냥은 적어도 현 시세로 2만 원 이상입니다. 백금은 요즘 시세로 환산하면 적어도 200만 원 이상에 해당되는 돈입니다. 꽃나무 한그루에 200만 원이라. 너무 비싸지 않나요. 사기당한 것일까요? 그 당시 일본철쭉 한그루 값도 평양에서 그 정도로 집 한 채 값과 맞먹었다고 하니 꽃나무 가격이 얼마나 비쌌는지 알 수 있습니다.

일본철쭉

유박은 『화암수록(花菴隨錄)』에서 1474년(성종5년)에 『양화소록』을 쓴 강희안의 〈화목구품(花木九品)〉을 일부 수정·보완하여 화목(花木)을 9등급으로 나누고 각 등급에 5종의 화목을 배치하였습니다. 이를 〈화목구등품제(花木九等品第)〉라고 합니다.

여기서 유박은 품격과 멋이 있는 매화, 국화, 연꽃, 대나무, 소나무를 강희안의 〈화목구품〉과 동일하게 1등에 두고, 외래종인 왜홍(2등), 파초(2등), 종려(3등), 화리(4등), 소철(4등) 등을 지나치게 높은 등급에 올려 놓았습니다. 그리고 살아생전 자신이 한 번도 보지 못했다고 한 서향화(천리향)도 4등급에 올려 놓았습니다. 이는 그 시대 화림(花林)에서 외래종을 선망한 시대상을 반영한 것입니다. 왜홍은 일본철쭉을 말하고 화리는 황화리, 버마화리 등이 있으며 우리나라에는 자라지 않고 아프리카나 동남아시아에서 자라는 붉은 빛이 나는 가구의 재료로 쓰이는 나무입니다.

유박은 화목(花木)을 구하고 가꾸는 일에만 그치지 않고 그 당시의 이름난 문사(文士)들을 찾아다니면서 백화암에 대한 시문(詩文)을 구했습니다. 이용휴, 유득공, 채제공 등의 문사들이 이에 응한 것을 보면 이미 백화암은 그 당시 지식인들 사이에서는 널리 알려지고 회자(膾炙)되었던 것으로 보입니다. 유박은 이렇게 받은 시문과 서화를 방과 마루에 붙여놓고 꽃과 함께 늘 감상했던 것입니다.

달은 서산에 숨고　　　　月隱西岺(월은서잠)
밤은 삼경三更이라 고요한데　夜閴三更(야격삼경)
이 몸 홀로 꽃 사이에 서니　此身獨立花間(차신독립화간)
옷깃 가득 바람과 이슬이요. 하늘의 향기일세.
　　　　　　　　　　滿襟風露天香(만금풍로천향)

유박의 〈화암만어(花菴謾語)〉에 나오는 한 구절입니다. 유박은 화암만어, 화암구곡, 화암기, 매농곡, 촌구, 매설 등에서 거문고, 바둑, 꽃, 낚시 등과 유유자적하게 벗하면서 자연의 아름다움을 노래하고 있습니다. 매설(梅說)에서는 자신을 세속과 속된 무리를 가까이하지 않는 매화에 비유하면서, 꿈속에서 얼음 같은 넋과 옥 같은 뼈를 가진 매화와 대화를 나누고 있습니다.

뭐라고 해도 『화암수록(花菴隨錄)』의 백미는 유박이 살아생전 남긴 118수의 한시입니다. 이 중에는 꽃에 대한 시가 가장 많고 꽃 중에서도 매화를 노래한 시가 압도적으로 많습니다.

유박은 처음에는 지팡이에 돈을 달고 당당하게 술을 샀지만, 점차 꽃을 사는 데 가산을 탕진하고 가세가 기울면서 옷을 잡혀서 술을 사기 시작했습니다. '복숭아가 어느새 꽃을 피웠기에 옆집에서 외상술을 사 왔다네', '온갖 꽃들 활짝 피어도 잘 익은 술 못 마시네. 기다리는 사람은 소식이 없고 문 나서자 해가 기우네.'

유박은 말년에는 가세도 기울고 건강도 나빠져 한평생 그가 그렇게 사랑하던 꽃들을 두고 57세의 나이에 가련하게 생을 마감합니다. 하지만 그의 꽃 이야기는 영원히 우리와 함께 합니다.

비초비목(非草非木) 차군(此君)

비초비목(非草非木).

"나무도 아닌 것이 풀도 아닌 것이, 곧기는 뉘 시키며 속은 어이 비었는가? 저렇게 사시(四時)에 푸르니 그를 좋아하노라"

중국 진나라 때 대개지(戴凱之)가 쓴 『죽보(竹譜)』에 나오는 시를 윤선도(尹善道)가 오우가(五友歌)에서 인용한 부분입니다. 대나무. 이름은 나무이지만 나무도 아니고 풀도 아닌 것이 대쪽같이 곧으라고 누가 시킨 것이냐? 곧고, 속없이 항상 푸르니 내 너를 좋아하노라.

차군(此君). 4세기 동진(東晋)에 살았던 서예가 왕휘지(王徽之).

왕휘지가 가난해서 빌려 살던 남의 집에 대나무를 심었습니다. 어떤 이가 그 이유를 묻자, 왕휘지는 하루라도 이 사람(此君)이 없으면 살 수 없다고 했습니다. 이 고사에서 대나무는 차군이라는 별명을 얻었습니다. 왕휘지가 대나무를 의인화해 친구로 삼았습니다.

창포(菖蒲)라는 것이 있습니다. 창포가 단오날에 뿌리를 삶아 머리를 감는 식물이라면 창포 중에 석창포라는 것도 있습니다. 석창포는 산골짜기 맑은 물가에서 삽니다. 뇌영양제인 총명탕(聰明湯)의 주재료이면서 조선의 선비들이 애용한 귀한 대접을 받던 식물입니다. 이 석창포의 뿌리가 1치(3.03cm) 길이에 9개의 마디가 있는 것으로 유명한데, 왕휘지는 대나무(此君)가 이보다 마디가 많고 면목(面目)이 우뚝 공경스러우니 창포가 마땅히 차군에게 절을 두 번 올려야 한다고 했습니다.

태화강 십리대숲의 대나무

왕휘지의 차군(此君) 고사만큼이나 유명한 것이 소식(蘇軾)의 대나무 이야기입니다. 소식 아시죠. 호는 소동파(蘇東坡). 11세기 그 유명한 적벽부(赤壁賦)를 지은 당송팔대가(唐宋八大家)의 한 사람.

밥 먹을 때 고기 없는 것은 괜찮지만	可使食無肉(가사식무육)
사는 집에 대나무가 없어서야 되겠는가	不可居無竹(불가거무죽)
고기가 없으면 사람이 수척할 뿐이지만	無肉令人瘦(무육영인수)
대나무 없으면 사람을 속물로 만든다네	無竹令人俗(무죽영인속)

소동파는 이 시에서 부귀영화보다 대나무가 좋다고 했습니다. 십만 관의 금을 허리에 차고 학을 타고 하늘을 나는 것보다 대나무가 더 좋다고 하였습니다. 아름다운 대나무를 보면서 술을 마시는 풍류가 더 좋다고 하였습니다.

겨울군자 대나무. 오상고절(傲霜孤節) 가을군자가 엄동설한(嚴冬雪寒)에 다 사그라들어도 겨우내 푸름으로 강직과 절개를 지키니 어디 따뜻한 봄날에 피는 매화와 비교하겠습니까?

그뿐이겠습니까? 대숲은 일반 숲보다 4배 이상 일산화탄소를 흡수하고, 피톤치드도 2배 이상 나오며, 산소도 훨씬 많이 나온다고 하니 그야말로 치유의 숲입니다. 산소를 많이 섭취하면 혈액순환이 잘 되어 질병이 자연치유가 된다고 합니다.

태화강 십리대숲과 코스모스

또 대숲은 주변보다 기온도 5도 정도 낮고 음이온이 대량 나와서 사람의 머리를 맑게 하고 심신을 안정시키며 피로를 회복시킨다고 합니다. 이러니 예부터 벼슬아치나 선비, 시인묵객들이 대나무를 좋아할 수밖에요.

울산에는 이런 대숲이 도처에 널려 있고, 특히 태화강가에 십리대숲을 갖고 있으니 얼마나 복 받은 도시입니까? 태화강가에는 십리대숲이 아니어도 강당대숲, 입암뜰 대숲, 벼리대숲, 삼호섬 대숲 등 강 주변에 여러 대숲이 있습니다. 울산시는 이러한 대숲에 연속성을 보충하여 석남사에서 명촌교까지 백리대숲을 조성합니다. 중간에 5곳의 태마 공간도 조성합니다. 조성에는 에스오일, 경남은행 등 6개의 지역 기업체가 참여합니다. 백리대숲 조성에는 태화강 주변의 대나무에 대한 역사적 고증, 치유, 힐링, 생장, 조망권 등에 신경을 써야 할 것입니다.

비초비목(非草非木) 차군(此君), 겨울 군자(君子) 대나무가 태화강 국가정원과 함께 전 세계인을 울산으로 불러 모을 날을 기대해 봅니다.

외래종 꽃 이름의 이해

베고니아, 다알리아, 가자니아, 루드베키아, 부겐빌레아. 이 꽃들의 공통점은 뭘까요? 외래종입니다. 그렇죠. 모두 외래종입니다. 또 다른 공통점은 뭐죠? 꽃 이름의 끝자가 모두 '아'자 돌림입니다. 아 그렇군요. 그럼 이 '아'자는 무슨 의미를 갖고 있지요.

그 의미를 알기에 앞서 이 꽃들은 또 다른 공통점을 갖고 있습니다. 학명(scientific name)의 속명을 우리나라 꽃 이름(국명)으로 가져온 것입니다.

베고니아라는 꽃의 학명을 한번 볼까요? 베고니아 중에 큰베고니아(베고니아 그란디스 *Begonia grandis* Dryand.)라는 종이 있습니다. 괄호 안에 알파벳으로 쓰인 것이 학명입니다. 세 부분으로 구성되어 있습니다. 첫 번째가 속명(屬名)이고 두 번째는 종소명(種小名)이며 세 번째가 명명자(命名者)입니다. 어렵네요. 이게 그 유명한 스웨덴의 식물 분류학의 선구자 칼 폰 린네(Carl von Linne 1707~1778)가 체계화한 이명법이라는 것입니다. 명명자는 빼고 쓰기도 합니다. 아무튼 베고니아는 그 이름을 학명 중 첫 번째인 속명을 그대로 가지고 왔습니다.

그럼 학명은 어느 나라 말로 붙일까요? 〈국제명명규약(ICN, International Code of Nomenclature for algae, fungi, and plants)〉에 의하면 학명은 반드시 라틴어 또는 라틴어화한 말로 붙여야 합니다. 그중에 속명은 라틴어 중에서도 명사형 단수, 주격을 써야 합니다.

그리고 속명에는 어떤 내용이 들어갈까요? 첫째로 식물의 형태나 특성을 나타내는 그 식물의 속성(屬性)이 들어갑니다. 둘째는 신화상의 인물이 속명에 들어갑니다. 수선화의 속명 나르키수스(*Narcissus*)는 그리스 신화에 나오는 나르시스라는 청년의 이름입니다. 셋째로 유명한 식물학자, 탐험가 등 유명인의 이름이 들어갑니다.

오늘 바로 이야기하고자 하는 부분이 이 세 번째 사람 이름이 속명에 들어가는 것입니다.

큰베고니아(베고니아 그란디스 *Begonia grandis* Dryand.)의 학명에서 속명인 '베고니아(*Begonia*)'는 식물학 연구 후원자이자 캐나다 총독이었던 미카엘 베곤(Michael Begon)을 기념해 붙여진 이름입니다.

사철베고니아 (꽃베고니아)

Begon이 사람 이름이니 이를 라틴어화 해서, 다시 이를 라틴어 주격 단수의 명사로 고치니 베고니아(*Begonia*)가 된 것입니다. 〈국제명명규약〉에 따르면, 남성이나 여성을 기념할 경우라도 모든 인명에 근거하는 속명에는 여성형을 사용하도록 권고하고 있습니다. 그래서 라틴어 명사형 단수 주격은 꼬리에 'a'가 붙습니다. 외래종 꽃 이름 중 속명을 우리 국명으로 가져온 이름의 꼬리에 '아'자 돌림이 생긴 이유입니다.

　하나 더 볼까요. '루드베키아' 아시죠. 여름에 오랫동안 피고 시원함을 주는 꽃이죠. 우리 국명으론 원추천인국이라고도 합니다. 그러나 루드베키아(국가표준식물목록상 국명은 '수잔루드베키아'입니다)로 더 알려져 있습니다. 학명은 루드베키아 히르타(*Rudbekia hirta* L.)입니다. 루드베키아는 린네의 스승 루드벡(Rudbeck)교수를 기리기 위해 붙여진 이름입니다. 루드벡을 라틴어 주격 단수의 명사로 쓰니 루드베키아가 된 것이죠.

백일홍과 루드베키아

외래종 꽃 이름의 이해

참고로 몇 가지 더 보겠습니다.

다알리아(*Dahlia*)는 스웨덴의 식물학자 안드레아 달(Andreas Dahl 1751~1789)이라는 사람을 기리기 위해 붙여진 이름이고, 부겐빌레아(*Bougainvillea glabra* Choisy)는 이 꽃을 최초로 발견한 프랑스 탐험가 부겐벨(Bougainville)을 기념하기 위해 붙여진 이름이며, 가자니아(*Gazania*)는 그리스인 Theodorus Gaza의 이름에서 유래되었습니다. 이름을 후세에 남기고자 하는 인간의 탐욕과 허영심에서 인간의 이름이 식물의 이름으로 탈바꿈한 것이죠.

가자니아 (태양국)

그 밖에 접미사 '아' 자 돌림의 외래종 이름은 많이 있습니다. 속명의 이름을 사람의 이름에서 가져왔던, 식물의 속성에서 가지고 왔던, '아' 자 돌림의 식물의 이름을 더 살펴볼까요.

요즘 뜨고 있는 에키나시아, 스토케시아, 프리지아, 산세베리아, 시네라리아, 페페로미아 등 수없이 많습니다. 반면에 외래종이 우리나라에 들어올 때 그 꽃의 속성에 맞는 예쁜 이름을 얻은 것도 많습니다.

한여름 백일동안 꽃이 핀다는 멕시코에서 온 백일홍(*Zinia elegans* 지니아 엘레강스), 해를 바라보고 핀다는 중앙아메리카에서 온 해바라기(*Helianthus annuus* 헬리안투스 안누스), 하늘을 바라보고 꽃피는 하늘바라기(*Heliopsis helianthoides* 헬리옵시스 헬리안토이데스) 등.

외래종이 우리나라에 들어올 때 꽃을 좀 더 쉽게 이해하고 친숙해질 수 있는 이름으로 우리에게 다가오는 방법은 없는가요? '가자니아' 보다는 '태양국'이 좋게 다가오듯이. 의미도 잘 모르는 라틴어로 된 외래종을 생짜배기로 외우려니 힘이 듭니다. 외래종이 들어왔을 때 부르기도 듣기도 좋은 우리말 꽃이름을 체계적으로 창작하여 붙이는 사회적 제도와 장치들이 꼭 만들어졌으면 좋겠습니다.

에키나시아

한국특산 식물과 나고야의정서

나리꽃이 피는 계절입니다. 나리 하면 전 세계에서 우리나라 울릉도에만 자생하는 진노랑의 귀한 나리가 있습니다. 영명으론 'Ulreungdo lily', 바로 한국특산식물 '섬말나리'입니다. 국내에 자생하는 나리속 식물 중에 유일하게 화색(花色)이 진노랑이고 꽃대가 많아 백합과 신품종을 만드는 데 중요한 유전자원이 되고 있습니다.

ⓒ 민경화   섬말나리

그런데 일본이 이 섬말나리를 가져가 '다케시마나리'란 이름으로 판매하고 있습니다. 여기서 '다케시마'는 '울릉도'를 지칭합니다. 독도가 아니라 울릉도를 '다케시마'라고 부르는 것이 어처구니없어 보이지만, 그들의 주장과는 달리 일제강점기에도 일본인들은 독도가 아닌 울릉도를 '다케시마'라고 불렀습니다.

여인의 향기, 사랑의 향기, 리라꽃 향기 '미스김 라일락'.

미스김 라일락은 1947년 미 군정청에 파견되었던 식물채집가 엘윈 미더(Elwyn M. Meader 1910~1996)가 북한산 백운대를 등반하던 중 바위틈에 자라고 있는 털개회나무(정향나무)의 씨앗을 가져가 키가 작은 라일락으로 육종, 당시 자신의 식물자료 정리를 도와준 타이피스트의 성을 따 '미스김 라일락'이라 품종명을 붙였습니다. 우리 산야에 잘 자라고 있던 한국특산식물 털개회나무(정향나무)가 졸지에 미스김 라일락이 된 것입니다. 더군다나 이 키 작은 라일락은 향기가 진해 미국 라일락 시장에서 라일락 애호가들의 사랑을 많이 받고 있습니다.

미스김 라일락

금수강산의 꽃, 금강산의 꽃 금강초롱꽃. 이 아름다운 금강초롱꽃이 일제강점기에 이름이 화방초(花房草)였습니다. 이는 하나부사 요시모토(花房義質)의 이름에서 가져온 것입니다. 하나부사는 초대 일본 공사로 일본이 조선을 강점하는데 앞장선 인물입니다. 금강초롱꽃의 학명이 '하나부사야 아시아티카(*Hanabusaya asiatica* Nakai)'였기 때문입니다. 일본인 식물학자 나카이가 붙인 이름입니다. 나카이는 우리나라 특산식물 527종 중 327종의 식물 학명에 명명자로 기재된 사람으로 도쿄제국대학 식물학과를 졸업하고 조선을 드나들며 식물을 조사한 식물학자입니다.

ⓒ 장기영　　　금강초롱꽃

나카이는 자신의 조선식물연구에 도움을 주고 당시 아마추어 식물 채집가이기도 한 하나부사 요시모토(花房義質)에게 이 아름다운 금깅초몽꽃에 화방초(花房草)라는 이름을 붙여 선물한 셈입니다. 이 식물명을 '금강초롱'이라는 우리말로 새로이 사정(査定)한 것은 1937년 『조선식물향명집』에서였습니다. 조선인 식물학자들만으로 구성된 조선박물연구회 회원들이 고민고민하여 새로이 이름을 정했습니다. 얼마나 다행인지요.

비비추, 비비추는 뭐니 뭐니 해도 꽃보다는 잎입니다. 그중에서도 잎이 반짝반짝 빛이 나는 비비추가 있다면 더 좋겠지요. 여기다가 꽃까지 예쁘면 금상첨화지요.

1984년 방한한 미국인 수목연구사 배리 잉거(Barry R. Yinger)는 식물 조사를 하던 중 태풍으로 홍도에 갇히게 되었습니다. 홍도에 머무는 동안 잉거는 잎에서 반짝반짝 빛이 나는 비비추를 발견합니다. 한국특산식물 흑산도비비추('홍도비비추'라고도 부릅니다)입니다. 학명은 호스타 잉게리(*Hosta yingeri* S. B. Jones)입니다. 학명을 명명한 Jones씨가 이 비비추를 채집한 Barry Yinger를 종소명에 넣은 거죠. 이 흑산도비비추는 '잉거비비추'로 더 널리 알려져 있습니다. 잎도 반짝반짝 빛나고 까탈스러운 아가씨 같은 멋진 꽃도 피니 흑산도비비추를 화우들이 좋아할 수밖에요. 그 아름다운 흑산도비비추(홍도비비추)를 어색하기만 한 '잉거비비추'라는 이름으로 만나야 한다니!

ⓒ 민경화   흑산도비비추

우리가 모르고 무방비로 있는 사이 유럽이나 미국, 그리고 일본 등에 의해 우리의 국내식물유전자원은 무분별하게 국외로 유출되었습니다. 뿐만 아니라 일제강점기 동안 한국의 특산식물은 대부분 일본 식물학자에 의해 조사되고 학계에 발표되었습니다.

그러나 행인지 불행인지 2010년 제10차 생물다양성협약에서 '나고야의정서'가 채택되고 2014년에 발효되었습니다. 나고야의정서 들어보셨나요? 핵심은 다른 나라의 생물유전자원을 이용하기 위해서는 소유국가의 사전승인을 받아야 하고 그 자원을 활용해 발생한 이익은 제공 국가와 공유하도록 하고 있습니다. 선진국의 후진국에 대한 생물자원 침탈을 막기 위한 것이죠. 이에 따라 우리나라도 2017년 유전자원의 접근·이용 및 이익 공유에 관한 법률(유전자원법)을 제정 공포하고 2017년 나고야의정서를 비준하였습니다.

미국을 비롯한 유전자원 이용국가 일부 나라가 나고야의정서를 비준하지 않고 있지만 2020년 현재 나고야의정서 비준국은 123개국에 이르고 있습니다. 유전자원의 활용을 통한 이익공유는 자원 제공국가와 이용국가가 기본적으로 상호합의를 통해 이익을 공유하도록 하고 있습니다. 화장품, 의약품, 바이오산업 등의 분야에선 우리나라도 발등에 불이 떨어졌습니다. 이익공유와 관련해 자원 제공국가와 협상을 해야 하니까요.

한편으론 미스김 라일락, 흑산도비비추(홍도비비추) 등 우리의 특산식물 자원도 외국에서 개량되어 팔리고 있는데요. 이에 대한 로얄티를 우리가 받는 날이 올지도 모릅니다.

토종 허브식물

 구골목서의 향기가 진한 11월의 길목입니다. 혹시 여러분은 지금 산행을 하고 계신가요? 주위를 한번 둘러보십시오. 꽃이 보이십니까? 만약 보인다면 십중팔구는 이 꽃일 가능성이 높습니다.

 들국화가 아닌 이 꽃. 가을의 향기를 내는 꽃입니다. '가을의 색' 하면 여러분은 단풍을 떠올릴 것입니다. '가을의 향기' 하면 무엇이 떠오르나요?

 후각이 마비될 정도의 가을의 강한 향기. 가장 늦가을에 피어 벌과 나비들에게 겨울 먹이를 제공하는 꽃. 약간의 보라색을 띤 칫솔 닮은 꽃. 정답은 꽃향유입니다.

꽃향유

향유보다 꽃이 아름다운 꽃. 가을산행에서 꽃향유가 벗으로 다가온다면 여러분은 인생을 성공한 사람입니다. 꽃향유는 이름에서 알 수 있듯이 백리향, 배초향, 박하, 초피 등과 함께 우리나라 대표적인 토종 허브식물입니다.

허브식물을 『꽃이 가르쳐 주었다』(모야모 발간)에서는 '꽃과 잎에서 향기가 두드러지거나 약용으로 효능이 탁월한 성분을 함유하고 있는 식물'로 정의하고 있습니다.

허브(Herb)는 요리용이나 약용으로 사용할 수 있는 온갖 녹색 풀을 의미하는 라틴어 Herba(헤르바)에서 유래되었으며, 넓은 의미로는 꽃과 종자, 줄기, 잎, 뿌리 등이 약, 요리, 향료, 살균, 살충 등으로 인간에게 사용되는 모든 식물을 허브라고 말하기도 합니다.

「나무위키」에서는 동양에서 사용되는 식물성 한약재와 향신료 그리고 라벤다, 민트, 로즈마리, 바질 등을 활용한 허브 음료, 심지어 우리가 자주 먹는 파, 마늘, 방아잎, 깻잎도 일종의 허브라고 말합니다.

그럼 우리 토종허브에 대해 좀 더 살펴볼까요?

여러분! 지금 우울하십니까? 매사에 의욕이 없으십니까? 그러면 이 차를 한번 마셔 보시기 바랍니다. 로마인들은 이 향을 이용해 우울증 치료를 하였다고 합니다.

뭐냐구요? 백리향입니다. 우리의 산야에서 자생하는. 이 백리향은 모든 부분이 약으로 쓰이며 비누나 향수를 만들 때도 사용합니다. 현재 시중에서 타임(Thyme)이란 제품으로 팔리고 있는 것이 바로 백리향의 꽃과 잎을 말린 것입니다.

백리향. 아시죠. 향이 백리를 간다고 붙여진 이름. 특히 북한의 함경남도 이원군 곡구리에 있는 백리향 군락이 유명해 북한의 천연기념물로 지정되었으며, 남한의 울릉도에 자생하고 있는 섬백리향 군락은 우리나라 천연기념물로 지정되어 있습니다.

다음은 방아라고 부르는 배초향 아시나요? 꽃향유와 한 집안입니다. 향이 독특하여 육류나 생선의 비린내를 없애는 데 사용되며 특히 추어탕을 끓일 때는 꼭 들어가죠. 은은한 솔향기가 나 입 냄새 제거에 좋고 항균과 항암효과도 있다고 합니다. 늦가을에 피는 꽃 또한 가을을 덜 삭막하게 합니다.

배초향 (방아)

토종 허브식물

토종허브에 박하(薄荷)가 빠질 순 없지요. 어릴 적 습기가 있는 논밭 언저리에서 박하를 발견하고 그 잎을 뜯어 입에 넣어 씹어 보았던 기억을 가진 분은 안 계신가요? 제가 사는 동네에는 박하가 유난히도 많습니다. 동남아가 원산지인 박하가 유럽으로 건너가 페퍼민트, 스피어민트, 애플민트 등 민트 집안으로 변신해 우리들 곁으로 와 다소 헷갈리기도 하지만 박하사탕과 함께 야생박하에 대한 추억은 잊을 수가 없습니다.

　초피도 토종허브에서 빠지면 섭섭하겠죠. 초피를 어릴 땐 제피라고 불렀습니다. 어른들이 그렇게 불렀지요. 또 울산에 오니 초피를 산초라고 불러 혼란스러웠습니다.

　지금도 고향이 울산인 분과 대화할 때 '이분들은 초피를 산초라고 부른다.'라고 생각하고 대화를 해야 통합니다. 초피를 넣은 열무김치. 알싸하니 밥을 부릅니다. <나는 자연인이다>라는 방송 프로그램에서 초피나무 열매 끓인 물을 입에 한 5분쯤 머금고 있으면 잇몸 염증이 좋아진다고 하는 방송을 보고 따라해 보았습니다. 어라! 싸하니 효과가 제법입니다.

　깊어가는 가을 우리 토종허브차 한 잔과 함께 어릴 적 옛 추억을 되돌아보시는 것은 어떤가요?

[참고문헌]

- 강희안, 이종묵 역, 『양화소록』 (아카넷, 2012)
- 기태완, 『꽃, 들여다보다』 (푸른지식, 2012)
- 기태완, 『화정만필』 (고요아침, 2007)
- 마야 무어, 『잃어버린 장미정원』 (궁리, 2019)
- 모리 타메조, 『조선식물명휘』 (조선총독부, 1922)
- 문일평, 정민 풀어씀, 『꽃밭속의 생각』 (태학사, 2005)
- 박만규, 『우리 나라 식물 명감』 (문교부, 1949)
- 산림청, 『무궁화 진흥계획(2018~2022년)』 (2018. 3.)
- 송우섭, <화우의 야단법석 꽃이야기> (자연을 사랑하는 사람들의 모임, 인디카 칼럼, http://www.indica.or.kr/)
- 오경아, 『정원의 발견』 (궁리, 2013)
- 웃는소나무, 『꽃이 가르쳐 주었다』 (모야모, 2018)
- 유박, 정민 외5 역, 『화암수록』 (휴머니스트, 2019)
- 이준규, 『영국정원에서 길을 찾다』 (한숲, 2014)
- 이명호, 『(이야기로 듣는)야생화 비교도감』 (푸른행복, 2016)
- 이창복, 『대한식물도감』 (향문사, 1980)
- 정태현 외3, 『조선식물향명집』 (조선박물연구회, 1937)
- 정태현, 『한국식물도감(하권 초본부)』 (신지사, 1956)
- 제갈영, 『우리나라 야생화이야기』 (이비락, 2008)
- 플로렌스 H. 크렌, 윤수현 역, 『한국의 야생화이야기』 (민속원, 2003)